你有你的
日月星辰

丁立梅
给孩子的信

丁立梅——著

图书在版编目（CIP）数据

你有你的日月星辰：丁立梅给孩子的信 / 丁立梅著
. -- 武汉：长江文艺出版社，2023.5
ISBN 978-7-5702-2993-2

Ⅰ.①你… Ⅱ.①丁… Ⅲ.①家庭教育－通俗读物 Ⅳ.①G78-49

中国国家版本馆 CIP 数据核字(2023)第 020670 号

你有你的日月星辰：丁立梅给孩子的信
NI YOU NI DE RIYUE XINGCHEN : DING LIMEI GEI HAIZI DE XIN

| 责任编辑：张远林 | 责任校对：毛季慧 |
| 装帧设计：自有文化 | 责任印制：邱 莉 杨 帆 |

出版：长江出版传媒 长江文艺出版社
地址：武汉市雄楚大街 268 号　　邮编：430070
发行：长江文艺出版社
http://www.cjlap.com
印刷：武汉中科兴业印务有限公司

开本：640 毫米×970 毫米　1/16　　印张：13.5　　插页：1 页
版次：2023 年 5 月第 1 版　　2023 年 5 月第 1 次印刷
字数：135 千字

定价：36.00 元

版权所有，盗版必究（举报电话：027—87679308　87679310）
（图书出现印装问题，本社负责调换）

目 录

辑一 自我：你比想象中的自己更强大

种桃种李种春风 003	小舟从此逝 070
许自己一段闲暇 006	你今天过得好吗 074
心若有桃花源 011	暗昧处见光明世界 078
这样就很好了 015	无风花自飞 087
别给自己的心，扎上樊篱 019	人生的意义 095
所有的青春,都美得没有对手 021	

辑二　关系：与其改变别人，不如改变自己

树树生翠微	107	给时间一些耐心	152
莲子清如水	112	努力使自己发光	156
此时月，心中事	134	两小无嫌猜	159
亲人是用来爱的	138	洞天就在另一边	162
天地不仁，以万物为刍狗	141	青涩的果子	167
静待花开	145	不要陷在虚拟的想象里	169
心有追求，就无惧泥淖	148		

辑三　挑战：你只管向前走，一路的花自会为你开

人生本就是喜忧参半的	175	何谓好文章	194
做自己的主人	179	开自己的花	198
与命运过招	182	做一棵冬天的树	201
不跌不长，一跌三长	185	练就一身"匠功"	204
读书的途径	188	警惕无效的忙碌	208
读书的好处	191		

辑一

自我：你比想象中的自己更强大

这世上，肯定有人比你跑得快，也有人比你走得慢，各人按各人的步伐走着就是了。

种桃种李种春风

梅子老师:

你好!

我是你千千万万个读者中的一个。你可能会看到我的信,也可能看不到,看到与看不到,都没关系,我能对你倾诉,我就感到很高兴了。

我喜欢你写的书,你书里的世界,是我向往的,充满平静、安宁和美好,有那么多的好花在开,有那么多的好云在飘。我心情不好的时候,就捧本你的书看,希望躲到里面做会儿梦吧。

我小时也是个顶快乐的孩子,爱跑爱跳,爱唱爱笑,讨人喜欢。我妈曾说我脑子少了根筋,蹦跶得凶。可越长大,我越变得不快乐了。我总是顾虑重重,怕被这个赶上,怕被那个比下去,常常要勉强自己去做一些不喜欢做的事,说一些言不由衷的话,见一些不喜欢见的人。还常常因为别人的一句话,就很不开心,开始怀疑自己的人生。

我好想回到小时候啊。前路那么长,那么那么难,我不知道该怎么走下去。

无名的杏仁

宝贝，你好。

我想先跟你说说眼下春天的事情。

这个春天，我回了一趟老家。我年老的父母都在老家住，他们还种着几亩地，养着几头羊。他们在，我就还有老家可回。我很珍惜眼下的团聚，很感谢在这样的春天里，我还能和他们在一起，吹吹春日暖风，说说话，聊聊天。

地里的小麦返青了，油菜花黄了。田埂旁的荠菜、蒲公英、苦荬菜、宝盖草也都开花了。河边的柳已成烟，春水堪染。春到人间草木知，果真是啊。

我一到家，我爸妈的脸上，就荡着一个春天了。我和他们都暂不去想衰老和疾病的事，只想春天的事。春天有什么事呢？花在开。草在长。燕在飞。还有，春风在拂，暖阳在照。我跑去附近的苗圃买了六棵桃树回家，在屋后栽成一排。我跟爸妈说，明年春天，这六棵桃树一定全长成了，到时这里将开出一大片粉红的桃花，很漂亮。我爸我妈热烈地点头，笑眯眯地、充满希冀地看着我栽下的六棵桃树，快活得一句话也说不出。他们已经很衰老了，又有疾病缠身，我爸行走都得靠轮椅推着，可他们心里，还燃着向往——要等着看明年的桃花开的。

我又动手清理掉屋前的杂草，把一丛大丽花一棵一棵均匀分开，栽了两行。等着吧，到八九月，它们将开出两行碗口大的花来，绯红和玫粉，又灿烂又壮观，亮煞人的眼。我想到一句很诗意的话：种桃种李种春风。前行的路上，有播种，才有收成。二三月种下去，到了八九月，自会有答案。

宝贝你看，自然物事，各按各的命运轨道在行走，草做着草的事，花做着花的事，树做着树的事，谁也不能替代谁。你呢，做好你的事就好了，干吗要违背自己的意愿，去做些自己不喜欢做的事呢？

这世上，肯定有人比你跑得快，也有人比你走得慢，各人按各人的步伐走着就是了。比别人落后或是超前，都属正常，没什么好沮丧的，也没什么好得意的。你只要坚持做自己，开你的花，结你的果，别人的言行就左右不了你。

宝贝，前路是很长，也确实会出现一些艰难险阻和至暗时刻，但只要有希望在，美好就在。就像我栽在我妈屋后的六棵桃树，明年的春天，将有六树的花开沸沸，一片绯红映蓝天。一想到这里，我就按捺不住要奔过去了。

梅子老师

许自己一段闲暇

梅子老师：

您好！

我是您的读者，是江苏省淮安市的一名初三学生。记得您在公众号里说，淮安城里的石榴花开得灼灼的。看到这儿，我又要埋怨我自己了，是的，我没有看到石榴花。紧张的初三生活把我锁在家里，我没法像您一样去感受大自然，看看桃花，听听荷，看看垂丝海棠，养一枝梅。在我的生活里，只有无尽的试卷和成绩。我很感谢我遇到了您，您成为我黑暗中的一束光。在这之前，我的世界被黑暗笼罩，直到我遇见了您写的《我把今天爱过了》，它拯救了我。是它让我知道原来生命中还有那么多值得去探索的事情，我感谢它，更感谢您。

现在我想和您说说我的烦恼。我在淮安市最好的初中上学，不是考上的，而是因学区房而上的。正是因为这个，我一直觉得自己不该来到这里，我不该在这么好的学校上学，它带给我很大压力。我不是一个自控能力强的人，我得在集体中学习，或是有人陪着我一起学，不然我是毫无动力，学不进去的。现在正值寒假，放假前班主任告诉我们这个寒假是最后的机会，要实现弯道超车。可是仅仅20多天的寒假，学校却发了200多页的寒假作业。我不知道怎么实现弯道超车。上个学期，是爸爸在陪着我每天背书，我才在期末考试中取得很大的进步。我们年级一共1000人，初三第一学期刚开始时，我考了年级800多名，期末考试时，我考了668名。可爸爸在寒假时工作忙，要应酬，他没法陪我。就算抽时间，我们家还有一个两岁的弟弟，他每天大吵大叫会打扰我们。一想到别人家里没有弟弟妹妹，就算有也不像我弟弟这么小不好管，他们家里有浓浓的中考氛围，我就好慌，我知道过了这个寒假，我一定会被甩得远远的，可我好像无能为力。

很多人在等着看我的笑话。乡下的亲戚们，我的表姐（她跟我一样是初三，但是在比我差一点的学校上学。表姐家一直都比我们家富有，所以一直看不起我家），他们都在等着看我考不上高中的落魄样子，再好好数落我一番：你还是在最好的学校上学啊，怎么没考上市里面的高中？怎么还没表姐考得好？说不定还会数落我妈。我不懂，中考不是我人生的事情吗？为什么要扯上那么多的利益关系，为什么还要扯上我妈。

我不是个阳光的人，我好像只能看见事物的阴暗面。每次我有了进步，我的潜意识都会告诉自己：这只是昙花一现罢了，下次可就没这么幸运了。是的，我把每次的好成绩都当成是自己的运气。每当我想从这枷锁里脱离出来，表扬自己我真的很厉害时，又有人跳出来说：你不要骄傲啊，看看你的成绩，668名，马上就要中考了，你这样的成绩能上什么高中，还在这沾沾自喜，你好意思吗？

我不懂他们到底想要我怎么样。我到底怎么想才是正确的，对于这乱成一团的家庭状况,我又该怎么办才好。梅子老师,您能帮帮我吗?很抱歉我的信写得乱七八糟,还有很多负面情绪。感谢您在百忙中读完我的这封信。

您的读者:窅窅

窅窅宝贝,过年好!新的一年,你又长了一岁,又向青春的台阶迈了一步。祝贺!

你能进最好的初中,是件值得加倍高兴的事,这说明你的运气真的很好啊。好运气是福,你要做的是,好好惜福。这样才会把好运气转化成你的内动力,使你变得越来越好。还是收起你的胡思乱想吧,那纯属于你给自己找麻烦,"无是生非"。这会白白消耗掉你的好运气的。

学习是你自己的事情,绑着你爸爸,要他陪你一块学习就不妥了。成人的事情比你要多得多,重得多,他还要腾出手来管你的学习,他该多累啊。你已念初三,是十五六岁的大姑娘了,完全能管理好自己的情绪和日常。每天给自己定下一个小目标吧,比方说,做5页纸的数学练习,做3页纸的语文阅读,背诵5段英语课文和2段语文小古文。做完了,奖励自己看课外书半小时,或随便玩耍半小时。宝贝,学习如同长跑,是一段一段跑完的。你完成了一段,就向终点靠近了一步。

家里有个小弟弟,蛮好玩的呀。小孩子的世界是童话做的呢,他们无论是笑,还是哭,都是晶莹剔透的。他的存在,让你多了阅读生活的一个窗口呢。在你做作业感到疲倦的时候，在你心情烦躁的时候，多跟小弟弟玩玩吧，就像跟一只小猫或小狗玩儿一样。玩着玩着，你的心情会放松很多，说不定还能激发你写作的灵感呢。

你提到"中考氛围"这个词，我笑了。有必要那么紧张兮兮吗？是不是有了那个"氛围"，你的成绩就突飞猛进了？知道吗，人在紧张氛围中，思绪常常不是变得清晰，而是混乱不堪，更容易患得患失。这对学习来说，真不是件好事儿。我们还是寻常日子寻常过吧。再说了，学习还真与所谓的"氛围"没啥关系。知道在诗词大赛上夺得冠军的外卖小哥雷海为吗？他的学习，都是在外卖途中进行的。在等红绿灯的时候，他在背诗词；在等顾客取外卖的时候，他在背诗词。他的学习，可没有借助于一点点所谓的"学习氛围"。有句话讲得好，真正的平静，不是避开车马喧嚣，而是在心中修篱种菊。

不要去管别人的事，因为你根本管不了。别人如何学习，别人怎么嘲笑你，别人怎样怎样……那都是别人的事，与你何关啊？更何况，有好些都是你单方面臆想出来的。就算它们是真的发生了，你改变得了吗？既无法改变，那就不要白费力气了。只要有人群的地方，就有攀比，就有嫉妒，就有幸灾乐祸，就有闲话是非……你要管的，不是他人如何如何，而是你自己应该怎样。

我给你两条建议：

一、永远相信自己。一个连自己都不相信的人，谁还会相信他?

二、做好你自己。在你的人生字典里，应收入这些词：刻苦、努力、坚持、善良、热爱、阳光、希望。你若做到这些了，你就无愧于自己了。别的一切，都是浮云。

我们每天都生活在天空之下大地之上，再忙，也是可以偶尔抬头看看天空，低头看看花草的。许自己一段闲暇，哪怕就是课间10分钟，也足够你亲近自然捡拾一点小欢喜了。美好的生活，就是靠着这一点一点的欢喜，连缀而成的。

梅子老师

心若有桃花源

梅子老师：

　　你好。

　　我是一个中学生。我曾经跟你通过信，你的回复，让我平静了一段日子。我一有不快乐的事就想到你，是想从你这里找到渺茫的救赎吧。

　　最近，我遇到的事太多了，有点绝望了。想放弃，真的很烦恼，想死。自残过。努力了成果很少，周围全是"噪音"，自己却想做一枝出淤泥而不染的莲，很可笑吧？

　　好烦躁好烦躁，脾气也越来越不好了。希望可以从梅子老师的文字里，找到一点点快乐吧。希望可以被拯救。

　　我祝梅子老师你天天快乐！

晓梦

晓梦宝贝，你好。

　　我最近也不大好呢，一度失眠。是身体的缘故吧，人到了一定年龄，身体机能就会衰退，这是由不得我的事情。

　　我也不急（因为着急于事无补呀），睡不着就起来看星星。万籁俱寂中，我能看到最美的星空。我还听到夜鸟的梦吆、露珠滴落的清响、草虫的鸣唱。这算是对我失眠最好的补偿吧。

看完星星，倚床头看书，翻到哪页读哪页。读到疲倦了，实在撑不住了，我就眯上一会儿。哪怕只是一小会儿，也是我对抗失眠的重大胜利。我不去急躁，不去埋怨，我尽量从不好的事情里，赚点微薄的小利，犒赏我有限的生命。

晓梦，人活在这世上，哪能不遇事呢？不是遇到这样的事，就是遇见那样的事。我们处在事情中央，我们本身就是事情。有快乐的事情，自然也有不快乐的事情，这才是真正的人生。当不快乐的事情来了怎么办？坦然接受呗。除此之外，没有更好的法子。就像衰老、疾病、地震、海啸、叶落花谢，这些事情都是不随人的意愿而转移的，我们也只有遵从，并努力调整好自己的位置去适应。

我不知道你到底遇到哪些事了。我猜测着，不外乎是学习上的，人际关系上的。对每个处在学习中的人来说，这方面的烦恼，是永远不会断的。你付出努力了，并没有得到想要的结果；你定下的目标，没能够实现；你想超过的人，没办法超过……你在"失败"中，不断怀疑自己的智商和能力，这让你活得很痛苦，很绝望。我很理解你的这种感受，可宝贝你要知道，一分耕耘，未必就等于一分收获。因为收获多少，还要看天时、地利、人和的。好比农民种田，丢下一粒种子，未必就能收获一捧粮食。因为种子的成长还取决于土壤、天气等多种因素。但农民不会因为有时歉收，就不去种田。因为，所有的希望，都在他的耕耘上。只有耕耘，才有可能获得丰收。

你定下的目标没有实现，你收获的成果很少，那都不是你的错。你已付出努力，你对得起你自己了。你要做的，是静下心来，看看问题出在哪里。是学习的方法不对，还是没有掌握学习的要领？也许某些课程不对你的胃口，这也是有的。比如我，在中学时代对理科的东西一概敬而远之，我后来很识相地选读文科。你在某一个方面不足那很正常，不能用一方面来否定你的全部。尽量发挥你的特长，弥补你的不足，能补多少就补多少。然后，愉快地接受你努力得来的成果，哪怕它只有芝麻粒那么大，那也是你努力的结果。你同样要为它感到骄傲才是。人生的价值，不在于你取得什么成果，而在于生命流逝的每一分每一秒里，你有没有认真去度过。晓梦，生命的意义，在于过程，而不是结果。

至于人际关系，合得来的就相处，合不来的就远离，不勉强自己就好。对别人的"噪音"，持宽容态度。因为各人个性不一，喜好不一，有人活泼，有人内向，谁也不能和谁保持高度一致。你可以做你高冷的青莲，但别人也有权利做他们活泼的野菊花。如果你觉得"吵"着你了，你大可不必理会，能离多远，就离多远。心若有桃花源，何处不是水云间？

晓梦，生命给予我们仅有一次，没有前世，没有后世，只有这一世，我们得好好爱惜才是。为着一丁点小事就放弃就自残就想死，那才真是可笑呢。真正精彩的人生，是由成功和失败共同构成的，我们既要担得起成功的喜悦，也要担得起失败的打击。人类从来不是脆弱的,这才有了生生不息。

梅子老师

这样就很好了

梅子老师:

　　你好。

　　读过你很多文字,看过你很多照片,特别羡慕你奔跑的样子,看着看着,我就流下眼泪。

　　怎么跟你说我的故事呢?一直记得十六岁的那个夜晚,我下晚自习回家,在十字路口,一辆卡车把我撞倒,夺去我的双腿。我记得好清楚啊,那天的夜,好黑好黑。从此,我的天空,再也没有明亮过。

　　我恨,命运为什么要这么残酷地对待我?我整天躺着胡思乱想,想死,脾气变得越来越暴躁。连我妈也烦我了,有一次她负气出门一整天,发誓不再理我。可晚上回来,她却抱着我哭得天昏地暗,对我说了无数个对不起。

　　我不想我妈难过,但我做不到。我已成了个废人,除了拖累她,我还能做什么?

阮阮

阮阮,你好啊。

　　你喜欢读诗吗?在所有的文字中,我以为,诗歌是最能抵达人的灵魂的。

我读现代诗,很少能在瞬间记住。但今晨,我读到一首,却立即就记住它了。诗是余秀华写的,其中有几句很戳人心,是泪中的笑,冰中的暖:

人间有许多悲伤

我承担的不是全部

这样就很好

能悟到这般境地的,非经大苦大难的人不可。上帝赋予他们苦难的同时,也教会他们承受苦难的智慧和能力。我在想,如若不是脑瘫,余秀华或许不会写诗。千千万万的读者,也就错过了结识她笔下好诗的机会。这对读者来说,是损失。对她来说,未尝不是。她会成为一个什么样的女人呢?不好设想。

阮阮,你也许会说我矫情。呔,谁愿意脑瘫啊!你很生气。我当然知道,对余秀华来说,她或许宁愿不要诗歌,不要所谓的才华和成名,她也要选择健康健全。她只愿做一个健康健全的女人,哪怕就是过顶顶寻常普通的日子。

可事实是,不幸它降临了!就像你,阮阮,因一场车祸,失去了双腿。从此,你只能坐在轮椅上。你能绕开它去吗?你能对它大喝一声,去!你走开去,我不欢迎你!苦难它是不肯听你的话的,它就赖上你了缠上你了。好的命运是上天赐予我们的礼物,坏的命运又何尝不是?我们只有坦然接受,并力争活出点意思来。

  我又想到岩缝里的草了。我去过不少的大山，几乎在每座山上，都能看到那样的景象，有小草，从岩缝里挣扎着站起身来，笑微微地顶着一朵花，或黄或红，惊艳了一方岩石。我只觉得，一座大山都在为它唱赞歌。命运对它来说，何其不公，把它的种子，随意撒到岩缝里去了。它若气馁，它若妥协，它必将永远埋藏于岩石之中，化为尘土，不见天日，哪里还会迎来花开的明媚？然而它没有这么做。既然已经在岩石中了，总好过飘落在海洋里吧？——这样，已经很好了，它一定是这么想的。它接受着命运的安排，又不屈从于命运的安排，它努力适应新的环境，并努力做出改变，借着一点点空中落下的尘埃，借着一点点露水和雨水，它竟也顽强地生长起来，为自己争得了生命的绽放。

  亲爱的阮阮，我不想同情你。我倒想恭喜你，恭喜你失掉的仅仅是双腿，而不是双眼。有多少人在车祸中丧了命？又有多少人因车祸从此躺在床上，无法动弹？还有多少人因车祸，从此告别光明，只能生活在黑暗里？阮阮，你真的不是最不幸的那一个。这样，就很好了。

  如今，事实已成事实，阮阮，你又何必日日与自己较劲，沉溺在昔日双腿能飞奔的日子里，不愿面对现实？这样天长日久下去，你失去的不仅仅是双腿，你还将残缺了你的生命和心灵。这等于发生了第二次"车祸"，且比第一次要严重得多。而制造这起"车祸"的人，就是你。

还是醒醒吧阮阮！醒过来，接受现在的你，尽快找到新的活着的方式。腿没了，你还有手啊，还有眼睛，还有耳朵，还有一颗完整的心。这些，足够你应对新的人生了。

不知你有没有听过澳大利亚人胡哲的故事。他出生时，天生没有四肢，只在左侧臀部以下的位置，长有一个带着两个脚指头的小"脚"。就是这样一个人，他不单学会握笔写字，而且饱读群书，顺利大学毕业，获得会计与财务规划双学士学位，并出版多种书籍，在东南亚进行过巡回演讲，感动了无数的人。

阮阮，比起他来说，你的命不知要好过多少倍去。所以，不要再沉沦了，也莫要再悲戚了，从现在开始，接受新的一个你，并努力爱上她。给她一个重新绽放的机会，好吗？嗯，笑着对自己说，没什么呀，这样，就很好了。

梅子老师

别给自己的心，扎上樊篱

梅子老师，你好啊。距离上次跟你说话，已经过去一年的时间了。记得那个时候，我刚升入高中，有诸多的不适应，我向你诉苦。本以为你不会回复我的，可你却温柔地回复了我，让我不要害怕，说新环境会有很多新的美好在等着。你的回复，给了我很多勇气。然后，我慢慢融入新的学校新的集体中了。

今天，我想告诉你一个好消息（我有了好消息，第一个想到的就是你，我想与你分享），我们上个星期月考，成绩出来了，我考到了班级前10名的好成绩。这是我进入高中以来，考得最好的一次了。以前的月考，我都排在班级30名左右呢。

我好开心。但也很清醒，这次月考的卷子简单，是我运气好。我很多知识学得并不牢靠，经不起深入，试卷稍稍一难，我就做不了了。所以，我很焦虑，这次考得好，不代表下次也考得好。倘若下次考试一下子又滑到30多名了，我该怎么办？好害怕啊。

小芙

小芙，你好啊。

谢谢你把好消息与我分享。谢谢你第一个就想到我。祝贺你，考出了这么好的成绩。

你能清醒地认识到自己的不足，胜之不骄，不躺在成绩簿上睡大觉，有忧患意识，这是好事。但不要因此否定自己的实力哦。试卷简单，并不是针对你一个人简单，而是针对所有同学。你能胜过他们，说明你有一定的实力。坦然接受这次的好成绩，给自己鼓鼓掌，加加油。

大凡焦虑，都是内耗，一万个的不值得。记不记得你刚进高中时，曾向我诉说过的那些焦虑？你害怕与同学相处不好，害怕不适应学校的寄宿生活，害怕所遇到的老师脾气不好……结果呢，你不是生活得好好的么？之前的那些焦虑，除了消耗自己的时间和精力、损伤自己以外，没有丝毫意义。

小芙，这次考好了，你就以这次为起点，再努力加一把劲，弥补自己的不足，夯实基础。下次考试成绩也许会比这次更好，也许会有些退步，那都不重要。重要的是，你的主观上有没有麻痹和松懈。一个始终努力的人，结果总不会太坏。即使有时偶尔出现小意外，也能无愧地对自己说，这样已经很好了，因为，我尽力了。

小芙，我希望你能尽快赶走焦虑，恢复平静。别给自己的心，扎上樊篱。让它自由些洒脱些，你的天空会广阔许多。

梅子老师

所有的青春，都美得没有对手

NO.1

梅子老师：

您好。

我不知道怎么跟您来介绍我。

我吧，生活在一个条件很不错的家庭里，爸爸妈妈很恩爱，他们对我都很好，都很尊重我的想法，也给了我很多自由。小时，我对什么都感兴趣，妈妈送我去学过跆拳道。我到现在，还会耍两手跆拳道的。我也学过钢琴，是专门请的老师，一对一教的那种。钢琴后来考过十级。我还上过舞蹈课，上过书法课，上过小主持人培训课。每年的寒暑假，爸爸妈妈都陪我周游世界。总之呢，我小时的生活过得实在是丰富多彩啊。那个时候总是元气满满，梦想多多，我想过当钢琴家，想过当舞蹈演员，想过当书法家，想过当主持人……哎，我就是想尝遍这世上所有所有好玩的东西。

可不知从什么时候起，我的那些梦想离我越来越远了，我不再有梦想。现在，我上高二了，还有一年就高考了，我的同学都目标明确，我却越活越没劲。每天早晨一醒来，只感到好累啊，不知道活着是为了什么。以前相信的东西，现在一点儿也不相信了。以前心存希望，总觉得自己多才多艺，会越来越好，可现在呢，活着也就这样，没有希望，没有活力，什么都没有。

我的家人很不能理解我的行为，他们纵容着我，却无计可施。是啊，我自己都不理解自己，他们又怎么能理解？我不知道我到底怎么了，现在就是不想学习，什么都不想干，觉得活着好没意思。

我怎么会变成这样的呢？我怎么会对一切都失去兴趣了？我怎么会活得没有活力了呢？梅子老师，我是真的不知道。

为什么要给您写这封信呢？我也不知道。大概因为您是我初中时，最喜欢的一个作家吧。

蜉蝣一粒

宝贝，你好。

咱如果不想学习，暂时就不要学了。如果什么也不想干，暂时就不要干了。来，坐下来，就坐到一捧阳光下吧，闭起眼睛，什么也不要想，只静静享受阳光的抚摸。冬日负暄，算得上是冬日里最美好的事情了。白居易曾不惜笔墨，写诗大赞此间妙处呢：

杲杲冬日出，照我屋南隅。

负暄闭目坐，和气生肌肤。

初似饮醇醪，又如蛰者苏。

外融百骸畅，中适一念无。

旷然忘所在，心与虚空俱。

念到最后，你是不是笑起来？我每次读到这儿，都要笑起来的，白先生这个人的灵魂，真正是有趣极了，晒个太阳，也能让他飘飘欲仙。你看，想要滤空自己，让自己身轻若仙，并不是件难事，只要许自己在冬日的阳光里泡一泡，也许就能做到。

你还可以许自己放纵一回，丢下所有，来个小小的"离家出走"。到一个小镇去，随便沿着一条街道走下去，像一朵漫游的云，就那么走下去，带上你的眼睛就可以了。

一路之上，你可能遇见的事物有：

街道旁的树。树上托着好大一个鸟窝。

人家窗台上的花。花正开着，红艳艳的一簇。是风信子吗？你猜测着。

几个妇人蹲在家门口择菜，一边说着家常。她们的笑声如金属相叩。她们真快活。

一家冒着油烟的土菜馆，里面飘出大蒜炒牛肉的香味，直往人的鼻孔里钻。

路边一溜排开的地摊，卖青菜的，卖地瓜的，卖萝卜的……每个地摊后，都守着一张素朴的脸。这是城郊的菜农们，挑来自家长的蔬菜卖。

拖着一拖车橘子的男人，停在路旁，看见有人过来，就扯开嗓子，唱歌般的吆喝开来："走过路过，莫要错过，新鲜的大蜜橘哎，不甜不要钱哎！"

两只猫追逐着，窜进另一条巷子里去了。

一只小狗，独自散着步，它在这棵树下闻闻，又跑到那棵树下闻闻。

……

这些都是这个尘世里最生动的鲜活，是生命意义的一种，各有各的精彩。当你再归家，你的心情也许就不一样了，你也置身于这样的俗世之中，是其中的一粒鲜活。你有属于你的位置，不一定非得活得有多完美，你只要做好你自己，就很好了。

是的宝贝，你潜意识中在力求完美。曾经的你，一路拂着春风，像闪亮的一颗星，没少被人夸奖和羡慕吧？然而，从童年走向少年，再从少年奔向青年，你所接触的世界越来越大，"星星们"越聚越多，你没那么耀眼了，你没那么"拔尖"了，你的心里便有了落差。且升学考试那道坎拦在前头，你自由的心性，被束缚了。你想表现得像小时候一样"闪耀"，你想超过其他人，无形的压力，便像条绳索般的，捆住你，越捆越紧，于是你感到累了。你强烈怀疑自己，昔日的荣光，不过是吹出来的肥皂泡，看似五颜六色，转瞬却化为乌有。慢慢地，你希望不再，活力消失。你多想回到你的童年，蜷缩在里头，不要走出来。你在回避长大。

好了，现在咱什么也不要去想了，就做回儿童，驾一朵阳光，任意驰骋于天地间。当阳光的醇酿把你泡软，像泡梅子酒一样的，或许你也能达到"旷然忘所在，心与虚空俱"的境界呢。

试试呗，好吗？

梅子老师

NO.2

梅子老师：

您好。

我没想到会收到您的回信。您那么忙，我以为您不会看我这个无名小辈的信的。

读了您的信，我真的很感动。我好久没有这么感动过了。谢谢您。

看您的信，真是件享受的事。大概比晒冬天的太阳还享受。您真可亲可爱，您说，"驾一朵阳光，任意驰骋于天地间"，我感觉您就像个孩子一样。真羡慕您啊，您的心中，一定住着个孩子。您说，"像泡梅子酒一样的"，把我看笑了。有一刻，我真的想走出屋子去，走到阳光下，驾一朵阳光而行。

或许真的是当局者迷，旁观者清，梅子老师您比我自己更了解我，您点醒了我。是的是的，自从升入高中以来，我就被无形的压力胁迫着，觉得自己哪儿哪儿都做不好，每天疲于应付作业，疲于应付各种学科检测，成绩也不尽如人意。我表面上什么都不在乎，其实，我什么都在乎。我在乎同学的看法，在乎老师的看法，在乎家人的看法……然后，我渐渐活得很没劲了。我不知道我为什么要这么活着，我不知道何去何从。

我有一个好朋友跟我一样有"病"（我被诊断为重度抑郁症），她也差不多吧。只是她没进过医院，她的家人不理解她，骂她装，她都"死过"两次了。我俩经常一起聊天，讨论死亡。不过我一次也没有真的去实施，每次我一说要去死，我的家人就吓得半死。我妈偷偷哭，我真的不忍心让她哭。可我管不住我自己，一个人活得没劲，这是没办法的事，我也想活得有劲啊。

我没有告诉您的是，我休学了。我实在怕去学校，怕见外面的人。

也许您说得对，我在回避长大。可我要怎么去面对长大呢？我不喜欢现在的我，我不喜欢长大。

这几天，我们这儿挺冷的，还下了一场雪。我家里装着暖气，花狸猫整天赖在屋子里，不肯出去了。

我也好多天没有走出屋子了。

又絮絮叨叨跟您说了这么多，亲爱的梅子老师您千万别嫌我烦啊。

祝您身体健康，天天快乐。

蜉蝣一粒

宝贝，你好。我怎么会嫌你烦呢？我高兴还来不及呢，我多么幸运，能够得到你的信任。信任是无价之宝哦。

你那儿下雪了？多好啊！雪化了没有？如果没有，赶紧溜出去堆个雪人、雪猫或雪兔子什么的。我记得去年我们那儿下雪的时候，不知谁在一棵树下，堆了一只雪狐狸。夜晚我从那儿走过，它白白的一堆儿，端坐在树下，我总觉得那是只成了精的雪狐狸。我老在想着，睡梦中，它会不会来敲我家的门？后来，这只雪狐狸融化了，我惦念了它很久。那真是一段美好的回忆啊。

你也可以念念一些写雪的诗。我最喜欢李白写的："应是天仙狂醉，乱把白云揉碎。"哪里是天仙醉了，是他醉了才是！

白云的白，也敌不过雪的白。那是闪闪发光的白，是洁净无瑕的白。别看它一片一片绵软无力，可汇聚到一起的力量，是排山倒海的。一个世界，瞬间被它改了装，没有了色彩的分别，没有了高低贵贱的分别，所有的所有，它都赋予它们白，雪白的白。我们每个人，都是一片雪花吧，看似无足轻重，可美妙的"雪景"里，却有我们一分力量呢。

今年我是看不成雪的了。我在西双版纳过冬。这里的冬天，也如春天一般明艳着。满山都是三角梅。紫红的、大红的、粉红的、明黄的，沿着山脊，沿着人家的房檐，瀑布一般的，飞流直下。满山也都是羊蹄甲，花瓣儿又长又卷，"啪"一下，掉一朵下来。摔得很疼的样子。我跑去看，人家却没事人似的，躺在地上微笑，花瓣儿还是那么又长又卷，粉粉的。还有一种叫飞机草的,最天真浪漫了,成群结队,见缝插针地长着,头顶淡紫色的小花,密密麻麻,远观去,紫雾一般。将来的某天,你若想出门看世界了,你一定要来西双版纳看看,这里有无穷无尽的天然美景,绝对不会让你失望。

我很惦念你的那位朋友,不知她现在怎么样了?代我向她问好。告诉她,死亡不难,活着才难。倘若她有勇气好好活着,她是多么了不起的人哪。

今年冬天,应该还会下上几场雪吧。宝贝,到时,你和你的朋友,相约着出门赏赏雪吧。

我很期待,你们奔跑在雪地中的样子,一定美极了。所有的青春,都美得没有对手。

祝你今晚睡个美美的觉。

梅子老师

NO.3

梅子老师:

您好。

一遍一遍看您的信,中途哭了好几回。从来没有人像您这么对我说话过,从来没有。您不紧不慢,娓娓道来,就那么把我的烦躁抚平了。您把我带进一个美丽的世界,那里有花开得那么好。无趣的人间,因为您,变得有趣了。您是那么亲和,那么温婉,您一定是上天派来拯救我的天使。

喜欢您说的雪狐狸。于是我一直等着下雪,好亲手堆出一只雪狐狸给您看。所以,我好些天没给您写信,我是在等下雪。

我把您写给我的信,给我的好朋友看了(原谅我,没有经过您的允许),我的好朋友也看哭了。她说梅子老师肯定是个仙女。我骄傲地说,梅子老师当然是仙女。

我们都对西双版纳很向往了。因为您在那里,那里就发着光。梅子仙女(哈,我想这么叫您了),我们都喜欢您笔下描绘的一切,喜欢读您的文字。您的文字有股神奇的力量,真的,我也说不好那是什么样的力量,反正就是读了您的文字,心情就会好起来。

我要向亲爱的梅子仙女汇报,我这些天表现可好呢,我很乖地吃药,很乖地吃饭,很乖地睡觉,也没有做任何自残的事情。我妈的脸上,也有了笑容了。

我还找了些写雪的诗来读。今天我练书法抄下了唐代诗人王初的《早春咏雪》,我都好久没练过书法了。我发给您的图片里,就有我写的书法,您一会儿打开来看。我之所以抄下这首诗,是想您一定会喜欢它:

> 句芒宫树已先开,珠蕊琼花斗剪裁。
> 散作上林今夜雪,送教春色一时来。

有珠蕊琼花,有春色,都是您喜欢的小美好。

读诗抄诗，还真蛮享受的。谢谢梅子仙女，是您让我能够平静下来读诗抄读，并从诗中体会到人生之妙。

然后呢，然后今天就下雪了，哈哈。我听了您的话，真的约了我的好朋友，我们一起去雪地里疯。我是好久没出门的了，我一出门，惊动全家人，他们都小心翼翼看着我，不知我想干哈。我说我想去雪地里玩会儿。我妈立即说，好啊好啊，我们一起去。结果，浩浩荡荡一支队伍出门了。当我的好朋友到了，我妈他们很自觉地走开去了。

我和好朋友很费力地堆了只您说的雪狐狸（看着不像哈，像一只胖胖的雪老鼠嘛，哈哈）。我俩抱在一起，和雪狐狸合影时哭了。本来应该笑的嘛，可不知道为什么笑着笑着就哭了。反正吧，就是哭了。梅子仙女您看到照片时不要觉得奇怪哦，您说过，所有的青春，都美得没有对手。我们哭着的样子，也很美的是吧？哈哈哈。对了，那个戴眼镜的系着蓝围巾的，是我的朋友。那个系着红围巾的，当然就是我喽。

很希望您能跟我们多分享点您在西双版纳的故事呢。会不会很打扰您啊？如果您忙，就不要急着给我回信。我会慢慢等的。

祝梅子仙女永远青春美丽！

蜉蝣一粒

宝贝，你好。

好开心又收到你的信。很高兴听到你汇报你是那么乖，能按时吃药，按时吃饭，按时睡觉。多棒啊！药很苦吧？我最怕吃药了。从小到大，都怕。嗯，把身体养得棒棒的，这是现在你第一要做的事情。

你发来的照片，我都一一点开看了。书法我是不懂，但那字可真秀气飘逸，我很喜欢。包括你挑的那首诗，我也很喜欢。雪是春天的先锋队呢，雪一到，春天也就不远了。一想到春天，我的心里就有千朵万朵花开了。宝贝，时序轮回，永远叫人充满期待，我恨不得活上十生十世。

你们俩堆的雪狐狸，可真是只很特别的雪狐狸呢，它那么可爱，胖胖的肚子里，一定装了不少远方森林里有趣的故事吧？你有没有兴趣，动手帮它记下那些故事？我好期待下次你来信时，能听你说说它的故事呢。

你和你的好朋友哭着的样子当然也很美啊，两个青春美少女，无敌！多青嫩的年纪，多青嫩的容颜，哪怕皱着眉头也是好看的，如三月枝头鹅黄的嫩芽。我羡慕着呢。你看，你们正拥有着倾世的财宝——青春，你们多么富有！

我住在山上。我今天在山上捡落花了。羊蹄甲的花捡一些，火焰木的花捡一些。掉在路上的，我都把它们捡到路边，堆放到一起。我不忍别人去踩踏它们。当然，还有个另外的原因，我想让它们紧紧挨着，互相取暖。花如人，人如花，都是要靠一些温度才能活出美好来的。

我入住的屋子门口，长着一棵鸡蛋花树。它掉得一枚叶子也不剩了（说明冬天也光顾这里了），枝条光秃秃的，如僵死的蛇。可在那枝条顶端,却钻出花蕾来。对的,它们要开花了。我充满雀跃地等待着。鸡蛋花可好玩了,花瓣儿就像切开的煮鸡蛋,花朵也散发着好闻的清香呢。

我还新识得一种植物,叫旅人蕉。它长得可太有意思了,叶片巨大,直立,一左一右,分列于茎的顶端。一片,两片,三片,四片,就这么对称地摊向两旁,远观去,如一柄巨型折扇。叶柄则坚硬结实如木头,我上去敲了敲,敲得手疼。假如我扛着这样一把大折扇,走在大街上,会是什么风情?哈哈,只这么想想,我就乐得不行了。

更叫人惊奇的是,这旅人蕉,也是开花的!佛焰苞花。盛开时如同纸叠的纸鹤,颜色是淡淡的绿。自然界的万物好神奇的是不是?我们每天徜徉在其中,结识这些神奇,我们多幸运多幸福啊。

我深喜旅人蕉的名字。它是为旅人而活着的芭蕉。它的叶片基部可以储存大量的水,长途跋涉的旅人正渴着呢,看见它像看见救星,剖开它的叶柄,就能喝到甘甜的水了。它自己亦是个旅人,从故乡马达加斯加,一路走到中国来,走到西双版纳,是不远万里了。

好吧,今天我们先聊到这儿。对了,你们叫我仙女,我可偷偷捂着嘴乐了好久呢。女孩子都是仙女变的。你们是小仙女。我呢,是老仙女。

期待下次听到你分享你和你的好朋友的一些有趣的事情。

代问你的朋友好。

拥抱你们!

梅子老师

NO.4

梅子老师:

你好。

不介意我称"您"为"你"吧?这样,我觉得我们的距离更近了些。

你不知道,看你的信,是多么叫我们愉快的事(我和我的朋友,现在生命里最重要的事,就是读你的信)。我祈求上帝,一定要让这么好的梅子老师,活上十生十世。

以前我从来不知道,我自己本身就是个美好存在(虽然我小时貌似很优秀,但其实我是个很不自信的人)。你说我们,"哪怕是皱着眉头也是好看的",又把我们感动得哭了。是啊,我们拥有倾世的财富,我们青春无敌。

这些天,除了读你的信,给你写信(读你的信和写信给你,对我,像过节一般的欢乐),我也读诗,写书法,昨天还翻了两回课本,做了两道数学题。吃饭、睡觉也都正常,一个星期不到,我都养胖了两斤了。

这两天出太阳了,我们的雪狐狸一天一天瘦了(为了看雪狐狸,我每天都出门一趟了)。它该回到远方的森林去吧。你让我记下它肚子里的故事，我还真的试着去做了，写了几则，不好意思拿给你看。等我文字再练得成熟些，故事再讲得圆润些，就给你看，好吗？说不定呀，我写着写着，也能成为像你一样的作家呢，哈哈。

你在西双版纳的故事，我真是看不够。羊蹄甲的花是什么样的？火焰木的花是什么样的？它们被你的手捡起来，它们该多幸运啊！你门口的鸡蛋花，现在开了吗？想到你说的花瓣像切开的煮熟的鸡蛋，我早上在吃煮鸡蛋时，自然就想到鸡蛋花了。我吃一口鸡蛋，就当吃了一口鸡蛋花，而且是梅子老师门口的鸡蛋花。我也感到很幸运很幸福了。

你说的旅人蕉，也让我向往了。如果有一天我遇到它，我会告诉它，知道吗，我们的梅子仙女可喜欢你了。

想到和你同在一个地球上，我就觉得很高兴了。

这几天疫情又不好了，没完没了真叫人烦。梅子老师你在外一定要注意安全，多多保重。

你放心，我会努力从病中走出来的（虽然我还是不大明白我为什么要活着）。

我的好朋友最近出了点事，我问她她也不肯详说。她要我代她向你问好。

回报你以最热烈的拥抱！爱你，亲爱的梅子仙女！

蜉蝣一粒

宝贝，你好。我很乐意被你称为"你"而不是"您"，这说明，你把我当自己人了。

得知你又是读诗，又是写书法，还翻了回课本，做了几道数学题，吃饭睡觉也都正常化了，我真是好开心。宝贝真棒！

咱们的雪狐狸，现在该回到它的森林里去了吧？关于它肚子里装的故事，你可以慢慢写，没准你还真能写出一本书呢。假如真的写成了，也是对这只雪狐狸最好的纪念吧。不急，想写的时候，就写两行。

每个人出生时，都生着一对想象的翅膀，所以孩子的心，容易雀跃，容易飞翔，上天入地，无所不能。他们每个人看上去，都那么活泼可爱，精力十足，世界在他们眼里，就是个万花筒啊，稍稍一转，就是一个奇妙的世界。只是走着走着，有的人却把翅膀弄丢了。从此，他再也飞不起来了，他跌落尘埃，成了庸常。生活于他，就是日复一日的重复，心里无波，眼中无光，这样的人生，真的有些可怕。宝贝你知道吗，你把你丢失的翅膀给捡回来了，我真为你高兴！

我拍了两张羊蹄甲和火焰花的图片，随信发给你了。羊蹄甲分好多种的，这座山上长的，基本都是宫粉羊蹄甲。这种羊蹄甲还有个名字，叫洋紫荆。它的花期好长好长，从初秋，能开到春末。我夏天到广东去，路边见到很多，也都开着花。它一年四季都保持着旺盛的精力，很神奇吧？还有的羊蹄甲树上，一边挂着果，一边开着花。它的荚果是扁扁的，绿绿的垂着，模样像极了扁豆，是加长版的扁豆。一树挂着那么多长长的扁豆,也是挺有趣的。不知鸟们会不会半夜里起来,在树上架口大锅,摘下它们来,炖了吃。

火焰花在照片上你是不大看得出来它有多火焰。它的花朵雄踞枝叶顶端,橙红橙红的,恰如燃着的簇簇火焰。我每次看到它,都在想,如果它喊口号,会喊什么呢?"燃烧吧,火焰!"它一定会这么喊。我免不了要热血沸腾。人生如果能像它一样,这么燃烧一回,也是件非常带劲的事吧。我当更加努力,勤于读书勤于写作才行。

我屋门前的鸡蛋花已经开了,开了五朵,一股淡淡的糯米香,得踮起脚,才能闻到。我想闻了,就站到树下,踮一回脚。我一日好多回重复这个动作。等它一树都开满花了,我怕是能去跳芭蕾舞了。

这里还有一种好可爱的花,叫粉扑花。这名字就很有意思,对不对?给你留个念想,下次再介绍给你听吧。

疫情的事,确实愁人。我们可不可以作这样的思考:上帝这是在考验我们的耐心和勇气呢,谁能坚持到最后,谁就是胜利者。眼下好好活着,好好保护好自己,就是我们对它最大的抵抗。

我们为什么活着呢?在我,就是可以做有意思的事,看有意思的景,赏有意思的花,遇见有意思的人,吃有意思的东西,穿有意思的衣裳,听有意思的音乐,看有意思的戏剧……嗯,总之,生活是有意思的,我当然要活着。我说过,要活上十生十世呢。虽然有时我也有沮丧也有不快乐,但一想到睡上一觉,晨光又将开启一个新的世界，又将有很多有意思的事发生，我就又变得兴奋起来。多好，我们每天都能见到一个新世界。

宝贝，你没觉得这样活着很有意思吗？咱就这么活着吧。

我很挂念你的那个朋友，希望她一切都好。如果我能帮到忙的，请一定要告诉我。我在。

再次拥抱你们。祝你们今天开心！

梅子老师

NO.5

梅子老师：

你好。

读你的信，又把我读哭了。

你的信，每一封我都会打印出来，反复读，直到读到会背诵了，还是忍不住要读。你的每一句话，都有神奇的抚慰功能。我也说不好，反正就是读了你的信后，我有好长时间都会沉浸在莫名的幸福中。

我还准备了一个摘抄本子，专门摘抄你写的一些句子和段落。那些句子可真美，我觉得读你的信，我的文笔都好了许多了。我也愿意动笔写点东西了，雪狐狸的故事我也有写，我还给它写了个外传。我复制一段给你看啊，你可别笑话我。

在雪狐狸成为雪狐狸之前，它只是一棵不起眼的小雪花（天宫里种的一种植物，小而洁白，名字就叫小雪花）。天宫里的奇花异草太多了，都是些能文能舞香艳活泼的，只这棵小雪花沉默寡言，又貌相平淡，一身素白，常被人当成空气，忽略它的存在。这棵小雪花在天庭里便过得十分寂寞，十分自卑，整天只安静地待在一隅。直到有一天，它接到上帝的御旨，要它化成真正的雪花，降落人间，滋润万物。它当然是愿意的，这个寂寞的天宫，也没什么值得它留恋的。只是在临降落人间之前，它向上帝许了一个愿："让我变成一只自由奔跑的雪狐狸吧。"后来，它来到人间，历经辛苦，经受住一些考验，最终实现了它的愿望。

我在这里面还写到梅子老师你，也写到我的好朋友和我，故事编得很幼稚是不是？

梅子老师，等你的信，现在成了我生命中最最重要的事。是你，让我重新捡起飞翔的翅膀，把童话请进我的内心。是你，让我有了活下去的动力，有了等待，有了期盼。是你，让我的眼睛里，重新有了光。

读你的信，就像你在我跟前，你所描述的一切事物，也都在我跟前。那羊蹄甲长长的荚果，小鸟半夜里会炖了它吃吗？看到你这么描写，我笑得趴到桌子上了。火焰花还会喊口号？我亲爱的梅子老师，你的灵魂，该是多么有趣啊！你比火焰花还要热烈，你就是一团照亮我的火焰啊。鸡蛋花散发出糯米香？

我以后写作文，一定要把它搬进去，这不算我抄袭吧？我想象着梅子老师跳芭蕾舞，那肯定比仙女还要仙女。

我的生活原是没有意思的，活着，除了难受，除了哭泣，没有别的事好想。可自从跟你通信以来，看到你那些可爱的文字，就像快乐的精灵，一个一个跳跃到我面前，慢慢地，我变得不那么难受了，不那么孤单了。我总是莫名其妙笑起来高兴起来，有时还情不自禁哼起歌来，会跑去弹一会儿钢琴。你给我带来那么多有意思的事，你的世界，就像个宝藏。我好比一个盗宝的人，盗了一个又一个，还不满足，还想要更多。所以，我一次又一次麻烦你，盼着你的信。这真的不会打扰到你吗？（我知道你很忙，你有许多的书要读，许多的稿子要写，有时还要去做讲座。）

有件事，我一直想对你坦白，但我又怕你知道后，对我生了厌恶，嫌弃我的不诚实。因为我在你的一本书里看到过这样一句话：诚实和善良，是做人的底线。我纠结了好些天，还是决定对你说实话。

我出生的家庭确实很好，是很有钱的那种好。我爸爸妈妈都是生意人，他们起初是开超市的。后来超市越开越多，又做了房地产生意。他们赚了多少钱呢，我也不知道。他们的关系，却不是我说的恩爱，而是见面就吵，天翻地覆的那种吵。我爸在外头有了人，我妈在外头也有了人，两个人就是不离婚，直拖到我上高中时，才离了。当时他们让我选择想跟谁，我回答的是，谁也不跟。

从小他们就很少陪我，只把我扔给保姆。一年到头，一幢大房子里，就我和保姆两个人住着。小时我特别渴望他们能回家陪我，特别害怕寂寞，所以我拼命表现，什么都去学，练跆拳道啊学钢琴啊学跳舞啊参加小主持人培训啊等等。我天真地以为，是因为我不够好，他们才吵架的。只要我变优秀了，他们就不会吵了，就会回来陪我了。

我要学什么，他们从不反对，他们觉得只要扔下钱就好了。我要去哪里参加比赛，他们会派上司机，派上一堆人来，他们却极少出面。连我的小学毕业典礼、初中毕业典礼，他们也没有去参加。他们离婚后，我被判给了我妈。没人考虑我的感受，我就像个商品一样的，跟一幢房子一张沙发差不多吧。

我得了抑郁症后，我妈才感到事情严重了吧。她回来陪我了，却把一切过错，都推到我爸身上，在我面前，三句话不离我爸，是怨恨加诅咒的。我很羞愧，一出门，觉得全世界都在笑话我。我想过考上大学后，远走高飞，再也不要见到他们。可我的成绩掉得厉害，我惶恐又焦虑，在这种情况下，我的病情加重了，常拿刀自残，一条胳膊都是伤痕累累的，不得不住进医院。给你写第一封信的时候，是我出院回家的第二天，当时我看到书柜里有你的书《愿全世界的花都好好地开》，那是我在读初中的时候买的。封面上印着你写的一句话：

　　每个人的心中都有一朵花。
　　我只愿，全世界的花都好好地开。

我对着这句话,哭得不能自已。当时我在心里问自己,我心里的那朵花,它去哪儿了?它没有了,它枯死了。连同我这朵花,也枯死了。

晚上,我找到你的信箱,对你胡言乱语了一通,并没指望你给我回信。你却在第一时间,非常认真非常温柔地回复了我。我只觉得有一道光,划破沉沉的黑暗通向我。

梅子老师,你会原谅我吗?

我还好想好想听你说说粉扑花的事。你是我的药。我这么说,也许太自私了。

我的朋友这两天我没联系得上,发了很多信息她都没回。我把你写给我的信,复制给她了,也不知她有没有看到。等她回了,我会第一时间告诉你的。

我想像你一样,有意思地活着。虽然目前还有些难度,但我会越来越好的。

你可以叫我小玉。我的朋友叫晶晶。谢谢梅子老师一直喊我们宝贝,从来没有人这么叫过我。

非常非常爱你的小玉

亲爱的小玉宝贝,你好。

我把你的来信,认认真真读了好几遍,读得又欣慰又心疼。如果可以,我真想穿越过去,抱抱当年那个孤单的小女孩。一个人孤独地长大，很辛苦吧？好在，你长大了。

此刻，我的窗外，挂着一弯新月，锃亮锃亮的，像用砂石打磨过的一把银梳子。你尽可以想象，它这是要给大地梳头呢。一梳子下去，河流柔顺了，泛着银色的波浪。再一梳子下去，树木花草柔顺了，像镀了一层象牙白。一个世界，都被它梳理得服服帖帖，温温柔柔，没有了怨憎，没有了丑陋。虫子们快乐地唱起歌来，在鸡蛋花树上，在鸭掌木上，在一丛杜鹃花丛中，还有桂花树上。意外吧？在这小寒天里，还能听到虫鸣声声。桂花也忘了节气，任性地开了一树碎碎的花。香啊，香得没魂没胆无法无天。我就着这样的甜香，给你写信。当你读到时，说不定还能闻到它的香呢。再多的不幸与辛苦，因世上有这样的好香在，咱也可以原谅了，对不对？

我不会生你的气。我怎会生你的气呢，你是这么一个惹人疼爱的好姑娘。最初你没有跟我说实话，那没什么的，你不必放心上。换作我是你，我也会这么做。谁愿意一上来就揭开伤疤，毫无保留地让别人看呢？宝贝，你已经做得很好了。你已经很了不起了。

我们不能选择谁做我们的父母，这是最无奈的事。当我们降临这个世间时，我们就接纳了命运的这项安排。有运气好的，也有运气差的。倘若撞上坏运气，那怎么办呢？坦然收下呗。我们没有办法让世界适应我们，那我们就去适应它，并努力活出自我来。

父母再怎么不好，也终归是他们把你带到这个世上，并且把你养大，让你衣食无忧，这种本能的血缘之爱，是不可否认的。所以，不要对爸爸妈妈过多怨恨，成人的世界，也有很多身不由己。原谅他们吧，这也是放过你自己。何况你妈也回到家里陪你了，在她，应该做出了很大的牺牲。

当然，要让你一下子抹去记忆里的那些不快乐，很难，咱慢慢丢开好吗？多看眼前的事物，怜惜并热爱上它们，你便能活出另一个你来。趁着你妈在家陪你，好好跟她修复一下你们的关系。不要拒绝她，不要排斥她，把你的心里话，也跟她聊聊，让她能够走近你，了解你。十月怀胎是件不容易的事呢，你要以感恩的心待她，没准你们会变得像姐妹一样。我就恨我没有个女儿，要不然，我天天跟她抢衣服穿，天天偷她的口红涂。

你写的《雪狐狸外传》真是棒极了。继续写下去哦，说不定无意间你会写出一系列的雪狐狸，那该是多大的惊喜啊。生活不就是这样么，一个无意间，又一个无意间，连缀成丰富多彩。

答应过你，要说说粉扑花的事。我住的这座山上很多这样的花，绿叶红花，特别醒目，一开一大片。花朵的长相跟名字极配，像极了古代仕女化妆时用的粉扑，且手感极其柔软。我每见到它，都忍不住凑上前去，把脸蛋伸向它，让它摩挲摩挲。那是比温柔的小手指还要温柔上一百倍的抚摸啊。你看，很神奇吧是不是？这个世界的神奇太多了，所以这个世界才相当好玩。

宝贝，你也多出去走走吧，你会遇到很多好玩的事情。黄昏时，看夕阳西下，夜幕慢慢合拢起来，掉光叶的树像写意画，在夜幕下隐隐约约，也是很有意思的。当然，出门时要注意保暖。

牵挂你的朋友晶晶。请转告她，那条蓝围巾真配她，她系在脖子上，又恬淡又文静。等到夏天，她要是能穿上一件蓝裙子，一定美极了。

祝你们愉快！

梅子老师

NO.6

亲爱的梅子老师：

你好。

你信里的桂花香，我闻到了。真香啊。谢谢梅子老师，你让我的心里，浸着蜜。我们这里，又下了一场雪了。只是雪下得小，不多久就化了。我真想寄一片雪花给你呢。

前天我去看了医生，医生说我恢复得不错，让我减少用药量。我没告诉医生，我已偷偷停药一个星期。遇到你之后，我就不怎么吃药了。说真话，你真的是我的药。你对我说的每一个字每一句话，我都用心记在心上，并努力按你说的去做。我读书、写字、弹琴、上网课，也出去散步。虽走得不远，只在小区门口走了两圈,但我真的感到了快乐,我有着从未有过的充实。

我也坐在窗口等一个月亮爬上来。它真大真亮啊,孤傲得很。我想到梅子老师写的,像一朵水莲花开在天上。它可真像。我盯着看,看着看着,就觉得幸福得很了。因为这个月亮,也照着梅子老师。借着这一个月亮,我见到你了。我对着月亮发誓,终有一天,我会跑去见亲爱的梅子老师。

我跟我妈说到了你,我说了很多很多,把我妈的眼圈都说红了。我妈说,梅子老师真是一个好人。她一定要当面感谢你,我说梅子老师才没空见你呢。我妈说,那她就耐心等着,等梅子老师有空了。我妈第一次跟我讲了她的故事,我也是第一次才知道,我现在的外婆,并不是我的亲外婆,我的亲外婆早在我妈10岁那年,就死了。怪不得这个外婆我从小觉着不亲呢。

我妈很少回老家去,她说自从她的妈妈走了后,她就是个"孤儿"了。我亲外婆的死跟现在的外婆有关。听我妈说,那时,我现在的这个外婆和我外公是婚外恋,我的亲外婆一时想不开,就走上了绝路。我外公不管不顾,最终还是把她娶进了门。我妈一直跟她关系不好,16岁就离开家门,一个人到社会上闯荡。她从捡垃圾开始,一点一点累积,最后开了第一家小超市。后来,有了连锁店。最多的时候,在我们这个地级市,我妈一口气开了12家连锁店。也是这个时候,我妈认识了我爸。我爸是到她超市来应聘的,能说会道,人又长得帅,我妈被迷住了。他们后来结了婚。再后来有了我。再再后来,我爸喜欢上别的女人，跟我妈闹离婚。我妈想到我的亲外婆，她不想走我亲外婆的路，她坚决不离婚。等我爸跟别的女人的孩子都上幼儿园了，我妈才死了心。

梅子老师，成人的世界真的很可怕，充满了欺骗和自私自利。是不是我将来，也会遇到这些可怕的事？为什么人这么容易背叛感情？那我以后还能相信感情吗？

原谅我梅子老师，我把这些负面情绪带给你了。

我的好朋友晶晶最近有点麻烦，她闹病，不肯去学校，被她爸押着去了。然后，她就去跳楼，幸好被老师和同学及时拉住。但还是受了点伤，住进医院了。我把你的信转给她了，她看哭了。她说，她怕是等不到夏天穿上蓝裙子了。

生活充满太多的无奈，梅子老师你的存在，就像一个奇迹。因为有你在，我会多相信这个世界一点。我也会让晶晶多相信这个世界一点。

祝梅子老师永远青春年少。

很爱很爱你的小玉

亲爱的小玉宝贝，你好。

得知你的身体恢复得不错，不怎么吃药了，我真是开心极了。我要送你一朵大红花！宝贝，如果能不吃药，咱就尽量不要吃。是药三分毒，天天吃药，对身体也是损伤。

非常欣慰你的生活日渐充实，每天都有事情做。我们的内心，是因为充实而快乐。宝贝，我希望你是快乐的。

这个世界确实不够完美，但你肯选择多相信它一点，我为你感到高兴。每一个认清世界的真相，还对它保持热情和热爱的人，都是英雄。宝贝，你也是个英雄呢。

你和你妈的关系有所缓解，真好。你们才是血肉相连的至亲之人，是你中有我我中有你的，理应相亲相爱。

原谅妈妈从前对你的"忽略"吧，她一路走来，浑身是伤，活得委实不易。现在，她需要你的帮助呢。别惊讶宝贝，你妈也很脆弱，我希望，你能成为她的"药"。过去种种，她背在身上，实在太过沉重。你要好好陪着她，给她安慰，让她慢慢放下那些吧。昨日再多不堪，也已成往昔，你们拥有的今天，才是实实在在的，请善待和爱惜，活出一个光鲜明亮来。

成人的世界里，是有欺骗有背叛。然而，那只是极少的一部分。自然之物，大多向阳而生，人心向善，而不是向恶。阳光和善良，才是这个世界的主宰。

前天我在澜沧江边散步时，遇到从东北来的一对老夫妇。老太太坐在轮椅上，近80岁的人了，看上去一点儿也不像。她面色红润，眼眸清亮。她说她瘫痪12年了，都是她老伴在一旁服侍。"每年冬天，他都带我来这里过冬。我喜欢每天外出散步，可冬天在东北散不成步呀。这里暖和，所以他就背着我来，像候鸟一样地飞呀飞。你看，他的背都驼了，那是背我给背的。"老太太快人快语，带着小女孩似的俏皮，神情愉悦。说话时，她的脸，一直朝着老先生。老先生则微微倾了身子，听着，无比宠溺地望着她。

我深深被打动。他和她，让我看到爱情最美的样子。芸芸众生，有多少平凡的生命，在书写着不平凡的爱？这是我们眷恋这个世界的理由之一吧。

小玉，这世上，每个人的出现，都是有原因的。有的人来，是为了教会你善良，教会你热爱。有的人来，则是为了教会你坚强，教会你宽容。我们从好人身上得到温暖，从不好的人身上得到教训。将来的一天，你也许也会遭遇欺骗和背叛，但请你无论如何都要相信，这世上，爱，永远在。人类之所以能够世世代代生生不息，正是因为有爱在。

祝福你，亲爱的宝贝。

告诉你妈妈，有缘的，总会相见的。代问她好。

梅子老师

（附一封给晶晶宝贝的信，请你转给她。）

晶晶宝贝，你好。

我想我们已经很熟悉了。

照片上，你围着蓝围巾的样子，我记忆深刻，纯美得如同一朵矢车菊。

我也颇喜欢蓝色，尤其是这种矢车菊一般的蓝。我会想到安徒生童话里的小美人鱼，她是住在矢车菊一般深蓝的海的深深处的。孩子，你知不知道，青嫩的你，就是一个童话一样的存在啊。

听小玉说了一点你的事（别怪她呀，是我问她的），心里放不下了，一直记挂着。传说里白蛇修炼成女儿身，要费上一千多年的时间。那么你，又是多少年才修来一个女儿身？得好好珍爱着才是啊。

你的生活里，有风来袭雨来摧，可也有光来照，不是吗？你还有小玉这个好朋友。如果可以，你不妨把我也当作你的朋友。你看，河边的柳枝上，已有新芽长出。衰败的枯草根部，已有了茸茸的新绿。漫长的冬天，就快过去了。而春天，已扛着无数的姹紫嫣红而来。

晶晶宝贝，咱等一等春天好吗？

这里是你的"树洞"，我在。

梅子老师

NO.7

亲爱的梅子老师：

你好。

久违了！

掐指算算，我们"分别"也才13天而已，但我，觉得隔了好长时间呢，我这是一日不见如隔三秋哈。

其实，我还是天天"见"你的。在做功课累了的时候，在心情有些烦闷的时候，我会想，梅子仙女会在做什么呢？她回家了没有？她还在山上看她的那些花吗？又或者在埋头写她的书？那时，我会打开你的信，打开你的书，你的文字，总会让我很快平静下来。

我是恨不得天天给你写信，恨不得天天读到你的信。给你写信和读你的信，对我来说，都是幸福得不得了的事啊。但我抑制住了，我不能这么贪了。我妈也说，不要过分去打扰人家梅子老师，人家还有很多别的事要做。我想也是啊，梅子老师又不是我一个人的梅子老师，她是很多人的梅子老师。所以，实在忍不住的时候，我才给你写信吧。你忙，不一定要回复我的，就当我是瞎叨叨。

这次，我要告诉你一个好消息，我已经完全不——用——吃——药了！这是真的！我好像做了一场大梦，回望过去的自己，有种种不真实之感。

上个星期，我去学校参加了期末考试，这个星期，成绩出来了，你猜我考得怎么样？我的语文考了年级第一耶！这得感谢梅子老师你，因为读你的书，因为与你通信，因为写雪狐狸，无形中训练了我的语感和文笔，这是意外之喜吧。其他几门学科，除了数学失分较多外，英语、物理、化学、生物都还好，在年级的名次，都能排到中等水平。一场病倒让我的脑子变得聪明清晰多了，这也叫塞翁失马，焉知非福。

我妈最近跟一个叔叔走得很近（他们其实老早就交往了

吧）。我对那个叔叔不反感，但也没有多大好感（他也是离婚的，有个上初中的儿子，那小子我见过两次，太皮了，弄坏我的运动表，不喜欢）。我妈说她要为自己活一次。我觉得这话没毛病。正如梅子老师你所说，每个人都首先要爱自己，才能爱他人，爱这个世界。所以呢，我对我妈说，她的事，她做主，我不会反对。我妈听了，挺感动的，她向我保证，属于我的财产啊什么的，一分都不会少，她以后的生活不会影响到我。唉，大人的世界里，钱是最重要的吧。

我们这里的天气回暖了不少，今天室外温度都到10度以上了。小区里的白梅红梅都开了，春天是要来了。也是啊，还有几天，就过新年了。梅子老师你在新年里有什么打算呢？我可能要恶补一下数学了。突然对未来，充满了想象，等我考上理想的大学，我就可以美美地跑去见我的梅子仙女了。

最后，说点晶晶的事。上次你写给她的信，我打印出来，带给她了。她的病有些严重，已握不了笔写字，一动弹就呕吐。她的父母也终于意识到问题的严重性，再不敢强迫她做任何事了（她爸爸是个大学老师，人很强势很霸道）。她现在就在家养着病，她妈妈还抱了一只小狗陪她。她说非常感谢你，你给她绘制了一个蓝色的梦。她说她会试着爱自己这个女儿身，狠狠爱。等她好些了，她就给你写信。

你放心，我会时刻关注着她的。

这次又絮语了这么多，梅子老师可别嫌烦啊。

祝亲爱的梅子老师新年快乐！祝你今年二十，明年十八，越活越年轻!

非常非常爱你的小玉

亲爱的小玉宝贝,你好。

非常非常开心,你不用吃药了!这是你的伟大胜利,是你战胜了你!请给自己一个大大的拥抱吧。谢谢你救赎了你!

你的文笔本来就很好啊,语文功底扎实着呢,所以你语文考第一,我一点儿也不意外。但还是要大大恭喜你,真的好棒!数学嘛,我都不好意思说,我当年比较差的就是数学了,还有一门功课叫物理。至今听到"物理"两个字,心都要战栗一下子。简直是我的噩梦嘛。你比当年的我强多了。恭喜!

妈妈的事,你不干涉是对的。她有她的阅人标准,有她的情感倾向,她受过伤,再对待婚姻,会很慎重的。对那个叔叔,你可以不喜欢,但要保持必要的尊重。毕竟他是要跟你妈妈牵手的人,在名义上,也是你的爸爸,他的儿子就是你的弟弟了。只要不是原则性的问题,能原谅的,尽量原谅。能宽容的,尽量宽容。又,人是感情动物,相处时间久了,处出感情来了,成为真正的一家人也说不定呢。成人的世界,除了钱,也讲情,两个都不能少。一个滋养我们的肉身,一个润泽我们的精神。

你那里的白梅红梅都开了呀!我在这里想想都很美好。真为你高兴,你的眼里,有了色彩。知道吗,人类的眼睛能分辨出一千万种颜色呢,我希望你能发现越来越多的色彩。你的生活，便会多出许多乐趣。

我还住在山上，想等到春暖花开时，跟春天一起回家。

在山上，我日常也就是读上几页书，写下几行字，画一两张小画。大部分时间呢，我爱去山里瞎转悠。最喜欢到少有人迹的荒径去，那是野草、野花和蚂蚁的家。一进入那样的地方，我身体里的每个细胞便都充满了欢愉，有灵魂得到大解放之感。多好啊，夜里露水到访过，月亮、星星也到访过。它们在这里举办过舞会的吧？我看到鬼针草和蓝花野茼蒿的小脸上，兴奋的红晕还没完全消退。

跟你说说鬼针草吧。它们喜欢热闹，也很团结，总是三五朵挨在一起开。五瓣小白花，中间捧出个结实的黄花蕊，模样清秀，有点像小野菊。它为什么叫鬼针草呢？盖因它的果实是带了针的，密密的，跟个刺猬似的，这让它染上一丝诡异色彩。或许它本身的性子就刚烈着。植物的世界里，也各有各的性格的。

蓝花野茼蒿太美了，像个落难的小公主，纵是陷身荒芜，也难遮它的映丽出尘。它有着长长的花茎，每一枝花茎上，顶着一"朵"蓝紫色的小花，这"朵"小花，其实是由无数朵小花簇生而成，像颗蓝色的珍珠。因晨雾的氤氲，花朵上晶晶莹莹，看上去，越发像颗奇珍异宝了。它的家园远在热带非洲、马达加斯加一带。它是怎么跑到西双版纳落户的呢？是乘着风而来，还是被哪只飞鸟带来的？不得而知。我因有它在，这座我待着的山，便更是显得不同凡响。我确信，在这座山上，我是见到它的第一人。此等缘分，叫命中注定，或叫不早不晚。

新年里我大概也就是看看书，写写字吧，再在山上转转。对我来说，每个日子都充满欢喜，新年也是一样。你呢，适当放松放松吧，别一下子把自己压得那么紧，数学慢慢补，尽力就是了。过年的时候，也给自己放两天假，追追剧什么的未尝不可，一张一弛乃文武之道。

未来很美好，我们一起向着美好奔跑吧。

代问晶晶宝贝好。祝她早日康复！

过年快乐！

梅子老师

NO.8

梅子老师：

您好。

我是晶晶。

感谢您的出现，在我最灰暗最阴霾的时候，您像一束光，照亮了我。

初中时，我也在老师的推荐下读过您的书，做过您不少习题。只是那时，我对一切强加于我身上的事情，本能地有种抗拒，所以并没有认真去读，很对不起您。

真正走近您，是从小玉那里。我和她是初中同学，我们都是在黑暗里徘徊的孤独的孩子，四处冲突，渴望光明，却找不到光。小玉很幸运,她得到您的回应,您那么温柔,那么有趣,那么真实,一点也不装腔作势,您成了她的摆渡人。我偷偷羡慕着小玉,和她一起读您的信,想象那也是写给我的。我甚至幻想过您拥抱的温度,做梦梦见过您来看我,您笑着,笑得那么甜那么美那么灿烂。您对我张开双臂,鼓励我,宝贝,没事,到我的怀抱里来。我笑着醒了,脸上淌满了泪。这样的美梦怎么会有呢?我从不敢奢望能和您说上话,通上信。我觉得我不配。

我不知道我的父母为什么要把我带到这个世上来,从小他们对我就是各种嫌弃,我做什么他们都看不顺眼,我总是无法达到他们所要求的目标。尤其我父亲,对我轻则辱骂,重则皮鞭伺候。他那么高智商有本事的人,却养了我这么个草包学渣脑残低能弱智狗都嫌的孩子,我能有什么办法呢?我就不配在这个世上活着,活着也让他们丢脸,让他们在人前抬不起头。我那么渴望死掉,如何死掉一度成了我要做的最重要的事。可笑的是,我那个伟大的父亲到这时,还骂我作,强迫我去学校,强迫我去补习。

我万念俱灰的时候,读到您托小玉转交给我的信。您在信里说:"孩子,你知不知道,青嫩的你,就是一个童话一样的存在啊。"您还说:"传说里白蛇修炼成女儿身,要费上一千多年的时间。那么你,又是多少年才修来一个女儿身?得好好珍爱着才是啊。"您不知道,当时我读到这样的话,是怎样震撼,一颗心都被震疼了。我慢慢想啊想,我想明白了,当我降落到这个世上时,我就与父母无关了,我就是一个我,是前世修炼而成的一个我。我突然想好好吃饭，好好吃药，好好看病，我要尽最大努力，等着春天来。

春天真的来了，万幸我没有死掉，还能和您说上话。这给了我力气，能够握笔画画了。我喜欢画画，以前只能偷偷画，我的父母从不支持这个的，认为那是耽误学习不务正业。我在家养病的这段日子，我母亲终于对我作出让步了，说不再反对我画画。如果我想去学画画，她愿意送我去的，只要我喜欢做就好。我父亲虽没有明确表示什么，但他也没有反对，他已经失望了吧，反正我都这个样子了，考大学是不指望了，那就随我去吧。

我现在精神好的时候，就画画我家的狗，也不用外出面对各种探究的目光，父亲也不会再骂我打我，我完全自由了，我好像有些幸福了。只是不知道这样的幸福，会维持多久。对未来我也没有什么打算，先这样吧。

给您看一下我画的狗吧。您打开图片可看，我用美图秀秀略做了些处理，用了您喜欢的矢车菊蓝做背景了。我屋子里挂的窗帘，也换成了矢车菊蓝的。

谢谢梅子老师愿意做我的树洞。祝愿梅子老师天天幸福！

晶晶

晶晶宝贝，你好。

很高兴收到你的来信。很高兴，这个春天，我们在，你也在。

我住的山上，日前炮仗花开得最热烈。你也许没见过这种花，它太好玩了，真的就像一串串燃着的炮仗，在为春天的到来庆贺。它又名火烧花，也挺形象的。在傣语里的称呼是"鸾缤儿"，这几个字的组合实在美妙极了，它的确像极了缤纷的凤凰啊。这里的傣族人喜欢以花入馔，他们把这"鸾缤儿"炒着吃，炖着吃，炸着吃，一碗的缤纷，入眼又入心。要是你见着了，没准会忍不住拿画笔把它画下来。

你那里，又都开着什么花呢？梅花开灿烂了吧？玉兰也该开了，海棠、李花、紫荆也该上场了。春天是要镶在画框里看的，随便截取一段，都是一幅妙不可言的画。

你画的小狗真棒，形神俱备。你这天赋可真了不得。我想，如果你愿意走出家门，到大自然里走一走，你的笔下，将多出多少美好的春天啊。爱自己的方式有很多种，爱上画画，也是一种。继续画下去吧宝贝，画着画着，就能画出属于你的一片天。在那片天空下，你是你的君王，你是你的天使。到那时，我要邀请你做我的新书的插画师，你可愿意？你也可以为别的人的书画画插图。或者，你也可以画画绘本呢，给无数的孩子带去美好。

对你的成长遭遇，我不知道说什么才好。宝贝，你受委屈了！来，拥抱一个。命运已然如此，我们无法改变它，那就收下它，在困苦中修炼自身，然后，想办法超越它。早晨读书时，我刚好读到这样一句话："每个孩子，都是来度父母的。"宝贝，你也是来度你的父母的,他们有着太多不完美,需要你去一一度化。这么一想,你是不是有些释然了?

咱不愿意想未来,那暂时就不要去想。所有的未来都是由今天构成的,我们过好今天就好了。我希望今天的你,吃饭要香,睡觉要香,脸上要挂着笑,心里要住着春天。

我在春天倒是有些着急地想着夏天的事了。夏天可以穿上长长的蓝裙子去看荷花,还可以去我的"秘密花园"捉捉萤火虫。我有个"秘密花园"在城郊,那里植被茂密,少有人走动,夏天会有萤火虫在里面出没。

等一等,春天过去,夏天也就来了。

晶晶宝贝,我们再一起等等夏天好吗?

梅子老师

NO.9

梅子老师:

您好。

没想到这么快就收到您的回信,我有中大奖的感觉。谢谢您,梅子老师。

"每个孩子,都是来度父母的",听您这么说,我大哭了一场。我的身体里,积蓄了太多太多的泪了,我终于找到机会,让它们痛痛快快流出来了。谢谢您,梅子老师。

我得的病，是我自己没办法控制的，有时会突然烦躁起来，没来由地想砸毁一切，伤害了自己也不自知。过后我也有后悔，是啊，要不是您让我再坚持一下，我是走不到这个春天了。想想这个春天没有我了，心里还是吓了一跳。我会尽量控制自己吧，在我无法控制的时候，我会多想想您的话，再等一等，夏天也就来了。我也要穿上长长的蓝裙子去看荷花。我会好好吃饭，好好睡觉，让脸上挂着笑容，让心中住着春天的。

或许有一天，我也能到您到过的山上，看那些开得如缤纷的凤凰一样的炮仗花。我在网上搜索到它的图片，画了几枝炮仗花，发给您看看，不知可还画得像？

谢谢您，我正在调整我自己。我母亲建议我去拜个专业老师学画画，我同意了，不日便去吧。我的父亲大人还帮我买了一套画画用的工具，虽然他还是不与我说话。母亲把原先的衣帽间，改成我的小画室了，我可以一整天躲在里面。我还养了一只小猫叫花花（因为梅子老师喜欢花嘛），还给它买了漂亮的小窝。我也去看春天了，看到好多樱花了。

谢谢梅子老师！生命中有您，有春天，我会好起来的。

晶晶

晶晶，你好。

又一次被你的画惊艳了，你画的炮仗花，真的太美了。好孩子，你真的很有绘画的天赋呢。好好利用它，别浪费了。

有个哲学家说,认识你自己。人这一辈子,有多少人能真正认识自己呢?你却做到了。知道自己喜欢什么,并做了下来。祝福你!前路未必都是坦途,但只要守住自己,就能走出你的圆满。

其实,每一个个体,都是生命的圆满。你就是这个样子的,你就配这个样子的,孤独也好,热闹也罢,属于你的,就是这独一份的。你躲在画室里画画,你走出去看春天,你陪着你的小猫花花玩耍,都是生命圆满的一部分。

在画画的同时,我还建议你多看些书。我最近在读蒋勋的《池上日记》和《蒋勋和他的红楼梦》,真有春风拂面之感。我也推荐你读读日本女作家安房直子写的童话,真是美得一塌糊涂。你可以用书籍,为自己搭建一个精神花园,你想长玫瑰就长玫瑰,你想长牡丹就长牡丹,你想有十里荷香,就有十里荷香。在它里面,可以盛放你所有的喜怒哀乐。

每个晚上,我都要去山上转转。山上星辰,密如枣树上的蜜枣,我想送你一颗,当作礼物。我们的生命里不单单有春天,还有很多的日月星辰,碧水清风。愿你爱上生命,爱上你自己,且永远不离不弃!世界很大很大,等着你去看。

想你穿上长长蓝裙子的样子,一定美好极了。

梅子老师

NO. 10

梅子老师,你好呀。

你的宝贝小玉又来报到了,很想很想你啊。

春天都快过去了,亲爱的梅子老师有没有回家呢?

烦恼的时候,我就想想你所在的山,想想你说过的羊蹄甲、鸡蛋花、火焰花、粉扑花、鬼针草、蓝花野茼蒿,还有你走过的那些路,心里就又注入一股力量,我要去看你看过的花,我要去走你走过的路,我要成为像你一样的人。

我刚刚经过了一模考试,结果怎么说呢,不好也不坏吧(语文成绩这次掉了点名次,不过位置还是挺靠前的)。寒假里虽恶补过数学,但一到考试,一拿到题目,就容易慌神,导致会做的题也不会做了。所以,数学还是我的拦路虎。

有时我的方向挺明晰的,考上大学,做自己想做的事。但又不晓得自己能做什么,便又糊涂了。我妈建议我大学里可以学学工商管理,以后好接手她的公司。我对做生意什么的,一点兴趣也没有。我偷偷告诉你啊,我想和你一样,做个作家。这算是我的梦想吧。

我有时对未来挺向往的,有时又挺害怕的。这很矛盾吧?但总的来说,我的情绪还算稳定吧,再没有想过不好的事情。这点梅子老师尽可以放心,我如果做了不好的事情,也对不起你啊。我对自己发过誓的,坚决不做对不起梅子老师的事。你说过,"所有的青春,都美得没有对手",我把这句话抄下来,挂在我的房间里,当我的座右铭了。

前天我过生日,我爸来找过我,买了条钻石项链带给我做礼物。我爸对我说了许多抱歉的话,我出生这么久,他都没对我说过这么多的话。我早先恨他的心,竟一点一点软化了。他后来托我请我妈出去,一家人一起吃顿饭。我妈回绝了。后来我爸走了,我妈告诉我,说我爸生意亏了,原先的积蓄早就被跟他相好的女人偷偷转移了。我妈拍着手说,这叫报应不爽。我听了,心里很不是滋味。但又确实不能怨我妈,我妈是个受害者。唉,成人的世界太复杂,还是随他们去吧。

悄悄告诉梅子老师,我也有喜欢的人了,隔壁班的一个爱打篮球的男生。我们在高一的时候就认识了,我记得很清楚,那是个周五的黄昏,我坐在操场边默默流泪,他路过,递给我纸巾,陪我坐了很久。后来我生病在家,他是唯一一个发信息问我过得好不好的人。我们互相表明心迹是最近的事,因为要毕业嘛,同学之间隐藏的情感,能表达的,都表达出来了,大家都有过了这村就没这店的感觉。他成绩不算好,他说他可能考不上本科,可我不介意啊。因为他,我觉得我的数学学不好,倒也不算一件坏事了。

梅子老师你认为我现在谈恋爱是对还是不对呢?他对我很好,很保护我的,我跟他在一起很快乐。

周末的时候,我和晶晶见了一面,她跟我说了和你通信的事。她说你希望她"吃饭要香,睡觉要香,脸上要挂着笑,心里要住着春天",我有点吃醋呢,本来梅子老师是属于我的,现在却分给她了,哈哈。她现在只偶尔发病,大部分时间都是好的,也专门拜了个老师学画画,上星期还出了趟远门,去了北京一家画院美术馆。她说等她学成了,想尝试给你的文章配图呢。

不知不觉又说了这么多(一跟你说话,我就刹不住车了),夜深了,我要去睡了。梅子老师晚安!想你365天!

爱你的小玉

小玉宝贝,你好。

很高兴看到你这么活蹦乱跳地向我奔来呀。

我回来了。没有耽误看家里的花。桃花看了。梨花看了。菜花看了。海棠花看了。又迎来蔷薇破。满城的蔷薇好像商量好了似的,一夕间全撑破花苞苞,把些粉的颜色红的颜色,撒得到处都是。一朵蔷薇诉说着一种美,千万朵蔷薇就是千万种美。小玉,如果你以后再遇到烦恼遇到不开心,就多想想花吧。每一朵花的绽放,都是历经了一枝一叶的修炼,你可以通过它,找到通向美和快乐的钥匙。

一模考了之后,还有二模三模吧?对高考生来说,考试应该是家常便饭了。既是家常便饭,那就上什么吃什么呗,紧张做什么呢!放松,以平常心态应对,说不定那些数学题,就如同吃豆腐一样容易呢。

你现在偶尔想想未来，是可以的，但不要纠结于那个虚拟的结果。结果总要等行到跟前才知道的，所以，不要让自己背负着思想包袱前行。将来是进你妈妈的公司，还是做别的事，不是现在立马就要做出决定的，等一等，等你考上大学后再说吧。到那时，你可以有大把时间权衡，能够从容地望向自己的内心，遵从内心的呼唤。我相信，你会找到一条适合你走的路的。

你对爸爸妈妈有了同理心，说明你长大了。有个成语叫"覆水难收"，你爸你妈的情况，当属于此。

你有喜欢的人了？真是好啊。青春年少时，谁没有几个喜欢的人呢？不然，岁月多么苍白！它无关功名利禄，无关世俗门第，喜欢的理由，很简单，很清纯，也许是轻轻一笑，就入了心。那么，喜欢着吧，珍惜这一段相处的好时光，不伤害对方，亦不自伤，一起朝着美好奔跑。等以后过了千山，涉了万水，你也许会喜欢上别的人，他也许也会。但这段纯真的时光，将是你们一辈子的珍藏。

晶晶是个很有灵气的好姑娘，你也是。你们将来一个写，一个画，完美搭配呢。人的一生会遇到很多很多人，但真正能陪着自己走一段岁月的人，却很少很少。你们见证了彼此的青春年少，真是难得。我希望，你们的友谊，会再长一些，再再长一些，做一辈子的好朋友。

祝福你们！

对了，送上一个迟到的生日祝福：宝贝，生日快乐！天天快乐!

梅子老师

NO.11

亲爱的梅子老师,你还好吗?你最近都在忙些啥呢?小玉想你了。

谢谢你,在高考最紧张的那段时期,给我发来短信,让我倍感温暖。如果不是你一直鼓励我,我都不知道怎么熬过那段日子。

高考成绩出来后,我是想第一时间告诉你的,可我又觉得没意思了。因为,我不够好吧,我没有考上一本,我只得上了个二本。我怎么能以不好的面孔,出现在我喜欢的你跟前呢?

我郁郁寡欢了一个夏天。夏天还出了一档子事,我爸进了医院,肝癌。我妈说他是自食其果,日日笙歌,纵情酒色,铁打的身体也扛不住。我妈虽然这样说了,但还是去医院看他了,还留下来照顾他。我突然对人世的情感有了另一番理解,哪有什么彻底的两不相干呢?超越爱情之上,还有善良的人性在发光吧。我忽然有些敬佩我妈了,假如是我,我怕是做不到。

我妈对我说,我大了,以后我的路,我说了算,她会给我提供足够的物质支持。我有点不忍心,我患病那两年,没少拖累她,她才45岁,头发都白了好多,都要用染发剂来遮盖了。

我在填报志愿时，报了个商学院，或许以后能帮到我妈吧。现在入校已一个多月了，也渐渐适应了大学的学习节奏，参加了两个社团，其一就是文学社团。我记得对你的承诺，我还要继续写我的雪狐狸。

你想不想知道我参加的另一个社团是什么呢？是野外观察社团呀。观察啥呢？大自然里的动物和植物们。这是受你的影响，是你让我爱上了大自然。你说得没错，"没有什么忧伤，是一朵花治愈不了的"。我的室友在我的影响下，也喜欢花。我们养了好多盆，四个人的宿舍，变成了花房。你要问我最愿意待的地方，我的回答：第一是大自然，第二就是我们宿舍。再多不开心，一回到宿舍，看到那么多花儿在笑，就又变得开心了。

在大学里，我还迷上了两个人的作品，一个是苏轼的，一个是汪曾祺的。在你的书里面，我不止一次看到你提及这两个人。读他们的作品，有种豁达、有种悠闲的韵味，那种骨子里对生活的热爱，和梅子老师你很相像哎。我喜欢汪曾祺说的："我们有过各种创伤，但我们今天应该快活。"

是啊，我们今天应该快活。相信我会越走越好的吧。

我喜欢的男孩子，去了另一个城市读大学。周末的时候，他有坐动车来看我。我们有没有未来我不知道，但我们今天应该快活。

我和晶晶一直保持着联系，我们常常在网上聊天，每一次都会聊到你，没有你的出现，不知道我们今天会是怎样的呢！你是发光的一个人。她目前还在吃药，但病情控制得很不错了，从夏天到现在,基本没有再犯过病。最近她刚接了一份杂志的约稿,要画插图的。她说压力山大。她画的美少女也非常好看呢。

谢谢梅子老师路过我们的青春!终有一天,我会光彩照人地出现在你面前。

祝梅子老师永远年轻!

爱你的小玉

亲爱的小玉,你好啊。

我最近挺好的。我一直挺好的。每一天都是新的嘛,每一天我也都如初生,兴致勃勃地吃饭,读书,写字,看天看地,听鸟鸣虫叫。

得知你的现状,我无比欣慰。我看到一朵花开的样子了。嗯,美得没有对手。

你高考的情况,早前晶晶跟我说了,你不要埋怨她,是我问她的。你一直没吭声,我有些不放心。夏天时,晶晶终于穿上长长的蓝裙子,拍了照片发我。果真如我所想象的,美得很。

你妈和你爸能达成和解,这是好事情啊。在选择原谅的同时,你妈其实也放下了心头的沉重。她解放了她自己。我们所谓的人生,就是在不断谅解中,最后走向圆满的吧。谅解自己,谅解他人,谅解这个世界,我们的境界,才得以升华。祈愿你爸爸有奇迹发生,能够早日恢复健康。

你参加的两个社团,都是相当生机勃勃的啊。愿你投身其中，如鱼得水。

宿舍成了花房？光想想就美得不行。我似乎都闻到那些花香了。每天有花香伴你们入眠，唤你们晨起，不啻小神仙啊。不知你们有没有养两盆丽格海棠和瓜叶菊，好养，花又多。到它们盛开的时候，花一朵一朵吐出来，就跟喷泉似的。颜色也是好颜色，每天都会有惊喜。我最近搬了两盆回来，长势汹涌。

你喜欢苏轼和汪曾祺，我很为你高兴。这两个人的作品，值得一读再读。他们旷达，他们疏朗，他们有颗孩童的热爱之心，再多的磨难，他们也从不沉溺其中委屈自己，而是努力昂起头来，欣欣向荣着。他们活得真实，活出了自我。苏轼说，人间有味是清欢。汪曾祺说，世界先爱了我，我不能不爱它。是啊，人间处处皆有好味，我们如何能不深爱？我们今天要快活。

你喜欢的男孩子还喜欢着你，多好。你要做的是珍惜，珍爱，并报之以真心。祝福你们长长久久！

晶晶的病有所好转，这是我所期望的。我相信，她也会越来越好的。每一个热爱生命的人，都是闪闪发光的人。你是。她也是。

秋已至，大自然又要摆下丰盛的宴席了。大戏早已排好，那是叶子们的。它们红的黄的戏服已换上，正在描着唇画着眉，一年一度的告别演出，即将隆重地揭开帷幕。人是最有福的，大自然的热闹一茬接一茬，享不尽。我们唯有不辜负，才是对这份恩赐最好的报答。

宝贝，请永远保持热爱。

我会等着你来见我。

祝你大学生活顺利，天天愉快！

梅子老师

小舟从此逝

梅子老师：

您好。

我是您的读者。我读过您很多书，如《风会记得一朵花的香》《你的光影，我的流年》《让每个日子都看见欢喜》等等，我很喜欢您的写作风格，也很喜欢您对待生活的态度，在您的眼睛里，看山山扬眉，看水水含笑。我一直把您当作我追求的目标，希望能像您一样热爱生活，做自己喜欢做的事。

然而，越长大，越觉得这个目标很难实现。对了，我得向您介绍一下我，我，一个患了轻度抑郁症的高中男生，现在就读于山东某个小线城市的一所重点高中。在这里，我的成绩还算可以，基本上能排在年级前100名。学校给排名在前的学生，都提早划定了各自的大学院校，985的有哪些，211的有哪些。每时每刻，我们的头上都像悬着一口警钟在敲：你，一定要考上985！你，一定要考上211！头都快被敲炸了，真的很烦很抑郁。

不说这个了，还是说说我们学校的师资力量吧。虽说是所重点高中，可是师资力量并不雄厚，好老师不断流失，因为是个十八线的城市，条件比较差，留不住人。招来的都是些什么老师呢？都是些刚刚本科毕业的，没有多少教学经验的。当然，学校里也有教学好的老师，他们是因为情怀而留下的。也有从教多年的老教师，他们的家人都在这里，没办法走了。这些老师在分班的时候，会被各班争抢。很不幸，没轮到我们班。到我们班上课的老师，有的连课堂纪律都管不了，我的那些同学可以肆无忌惮地在课堂上吃东西讲话做各种搞怪动作，甚至斗嘴打架，导致课堂乱糟糟的，您可以想象教学效果是怎样的了。

我正是因为这个而苦恼。虽说学校管理得很紧，从早晨六点半就把我们扣在教室里，一直到晚上十点才放出来。可在这样的环境里，在这样的高压下，学习的效率有多高，我们真正学到多少东西，只有老天爷知道。我想回家自学，不知梅子老师您怎么看？

期待您的回复。谢谢您！

一个无比热爱您的读者：易阳

易阳，你好。谢谢你对我文章的阅读和喜欢。我是个再普通不过的人了，要成为我这样的人，一点儿也不难，只要持之以恒地热爱生活就可以了。

当然，这个热爱，不仅仅表现为对顺境的热爱，对逆境，同样也要抱着热爱之心，不改初衷。那么，走着走着，你就能走出一条属于你的路来。

我最近在读苏轼。他一生运气似乎都不好，倒霉的事接二连三，可他硬是在逆境中，活出明朗来，在我国文学史上，走

出一条叫苏轼的路。我想跟你分享他被贬黄州时,写下的一首词《临江仙》:

夜饮东坡醒复醉,归来仿佛三更。家童鼻息已雷鸣。敲门都不应,倚杖听江声。

长恨此身非我有,何时忘却营营?夜阑风静縠纹平。小舟从此逝,江海寄余生。

那个时候,他拖家带口,生计艰难,开垦了一块荒地,藉以糊口度日。换作一般人,该是愁眉不展,哀声连连,他却不,他自酿美酒,常常邀了星星同醉,自得其乐。一次,酒醒后归家,已是三更天了。家人都已安寝,心大的童仆忘了给他留门,睡得鼾声震天响,他怎么敲门也听不见。他也不急,进不了屋就进不了屋吧,索性扶住拐杖,静听门前的江流声。那个时候,他心灵的小舟,随着江海漂远,与天地浑然大化,还烦什么恼抑什么郁啊!

易阳,自然界中还有刮风下雨还有地震海啸呢,何况我们的人生?谁也难保一生都是顺顺利利的。有时,我们换个角度看问题,会带来不一样的人生体验。你生活在十八线城市,虽没有繁华,可是,它有安静啊。人不拥挤,房屋不密集,抬头可看星星,低头可见花草,多好!我当年读书的地方,只是一个小乡镇呢。成年后我走过很多大地方,可最让我留恋的,还是我当年读书的那个小镇。小镇只几百户人家,几条纵横交错的小巷，用不了半个钟头，就能把它们全部走下来。我很喜欢走在那样的巷道里，听鞋底在青石板上摩擦的声音，看巷道两边的人家，窄窄的木门半开着，里面的烟火隐约着，总勾起我无数联想。我们的学校，就建在小镇人家的边上，门前横一条东西流向的河，望不见它的源头，也望不见它的尽头。在我的想象里，它是连接着世界两端的。河边野草野花遍地，我常携了书，避开吵闹的同学，去河边诵读。清晨去读，直读到阳光匝地。黄昏去读，直读到夜幕四垂。那个时候，也没谁逼迫我学习，但我清楚地知道，想要改变我的命运，只有好好读书。夜里我的同学早已呼呼大睡，我还留在教室里，点着一支蜡烛在用功。后来，我如愿考上大学，成了我们村第一个考上大学的人。

易阳，老师们的水平参差不齐，这个是有的。但不能因一两个教学不好，就否定了全部，不然你们的重点高中，岂不是浪得虚名？对于课堂纪律问题，你可以向班主任或校领导反映，我相信会得到解决的。不到万不得已，我不建议你选择回家自学，群体作战好过孤军奋战。且在学校里，有老师指导你学习，远远胜过你一个人瞎摸索。

易阳，解开你的心灵小舟，让它去往广阔的江海。少一点埋怨，多一点热爱，你眼前的世界，会美好很多。

梅子老师

你今天过得好吗

丁立梅老师：

您好。

我是一个很不起眼的农村女孩，好喜欢您的文章呐！

很有幸您可以看见这封不起眼的诉苦信。

懵懂的初中岁月已悄然逝去，纯真无邪已定格在过去，我们的青春如霓虹灯般绚烂，却逃不过那繁华背后的落寞，时间滴答滴答地一分分一秒秒逝去，人心摇摇晃晃地一点一滴地失序。一切的一切都变了。我不再是那个考全校前几名的学生，我的生活开始颓废起来，我变得不自信，变得失了最初的纯真。我的成绩滑到全校50名了，让我更加怀疑自己，感觉自己能力有限，也就只能在那个位置上。

我喜欢坐公交车。特别在晚上，坐上公交车是一件特别有意境的事，感觉自己仿佛看懂了人情世故，理解了岁月的匆匆忙忙。

我有沮丧、有消极、有消沉、有精神萎靡不振。最近过得好吗——好希望这句话可以每天都有人和我说。好希望一切的一切，都能回到从前。

上个星期我们老师让我作为"美育之星"，带照片到学校贴到教室的门口，我可开心了！可是当我翻看以前的旧照片的时候，突然就难过起来，感觉那不是我。那怎么就是我呢？那么天真无邪！

脚步，轻浮地，在风里面飞舞，走过的地方，是单程的回忆。感觉身后一凉，只剩下空。黑的夜，白的昼，都似乎无尽头，而我所剩的时间却越来越少，不得不逼迫自己去努力，感觉一股压力席卷而来。有时突然好累好烦，却找不到苦恼的理由，一切都是那么莫名其妙。我们稚嫩的脸上，添上了一分本不属于我们这个年纪的忧伤。初三，初三，人生转折，路段抉择……

好难好难，数学，英语，物理，化学……

不过我相信在万人中央，我还是会发光！

您的读者：虫虫

虫虫，你好。

你今天过得好吗？

你这篇碎碎念写得很有味道哦，想来你是个心思细密很有才华的小姑娘呀。

你拥有的不止这些，你还有拥有，花骨朵一般的好年纪，只是你身在其中，不自知罢了。等你走到青年去，走到中年去，再回头看，这一段时光，才真叫你怀念呢。

人都是往前走的，谁也不会永远停留在童年的懵懂期。否则，人类就无法推动社会前进了，那我们岂不是还要生活在太古洪荒中？生命是一程一程走着的，这一程走完，势必要走向下一程。小树虽稚嫩可爱，却难挡风雨。只有等它成长为大树，它才能触摸到更高远的天空，才能把目光放逐到更远的地方去。你告别了你的童年，迎来的是你的少年、青年，这里，有着比童年更辽阔的天空。虽说有疼痛，有压力，可那些疼痛和压力，都是岁月催你成长的试金石呢！你挺过去了，你就大大获胜了，你就会站到一个更高的平台上，独当一面，欣赏到更多更美的风景。

到我这个年纪的人，是很羡慕你们这些孩子的。哪怕你们什么也不做，单单站在那儿，也足够引人注目。因为你们身上年轻的气息，就像一棵棵葱绿蓬勃的植物，四下里散发开来。它是鲜活的新鲜，是鲜活的活泼，是豆蔻梢头二月初。每一种年轻，都是只此一家，别无分店，你又有什么不自信的呢？

人生多半是喜忧参半的。有时突然生出莫名其妙的情绪，挺正常的。我们是社会中人，不像野生野长的青草那般自由，那般随心所欲，我们要遵守一定的社会规则，要遵从一定的"约定俗成"，这难免与自由的天性发生冲突，这就有了烦恼。怎么办呢？我想，除了面对，接受，竭力解决，没有更好的法子了。着急，焦虑，沮丧，苦恼，糟糕的只是自己的心情，对现实可是一点儿改变也没有的。所以孩子，你可以允许自己忧伤，但绝不可沉溺其中。无论对待学习，还是对待生活，咱有多大力就出多大的力。至于结果如何，那不重要了。因为，你已尽力了，问心无愧了！人的一生，若一直都能做到问心无愧，便是对自己最大的奖赏了。

  你今天过得好吗？——每晚临睡前，我希望你能问问你自己，并给自己一个大大的拥抱。每一个日子都不可重来，每一个日子都是生命中的唯一，弥足珍贵，得好好爱着才是。

  我很赞同你最后说的一句话，在万人中央，我还是会发光。是哎，一个努力的人，一个不轻易服输的人，身上自带光芒。

梅子老师

暗昧处见光明世界

NO.1

敬爱的丁立梅老师：

您好。

想必老师是个大忙人，近来身体可好？一定要照顾好自己！身体是革命的本钱哦！

很抱歉冒昧来信。

请允许我简单地自我介绍：我是来自山西一个普通乡镇的初中生，平时成绩还算不错，班里第一（跟城市的同学们比起来，确实还差很多），因为某些原因申请做了语文科代表，现在还担任共青团干部（一个小小的团支部书记哦）。我热爱中国传统文化，喜欢在笔墨纸砚中体会人生，钟情书法、国画、剪纸等，并小有成就；我勤奋刻苦，不懂就问，老师的办公室经常出现我的身影；我敢于尝试，积极进取，对于未接触的事物充满好奇心；我热爱祖国，热爱集体，积极参加志愿活动，在班级工作中尽心尽力（听着好自恋啊，哈哈）。"长风破浪会有时，直挂云帆济沧海"，奋斗就是我的关键词，我相信自己的认真努力定会有所收获，请一起期待！

这里要挑出来说的呢，是我热爱写作，喜欢用文字表达情感。因为一次偶然的机会，看到了您的公众号，特别喜欢那些文章，也特别喜欢您，很喜欢您的风格，我不求可以像您一样有那么大的成就，只是希望用文字治愈自己，治愈身边的人。

我是一个特别敏感的人吧，或许也正是因为这样才让我有了更为丰富的感受。找您有两个问题想要请教：

第一就是关于写文章。我常常在经历一些事情之后自我陶醉，想要将它们记录下来，可是有时候也只是感动了自己，感动不了他人。这应该怎么办呢？就想向您取取经了，希望老师给予指导。

第二是关于我自己的。我常常守着公众号看您的文章，我是一个消极的人吧，但我也渴望乐观，常常矛盾又自失。新的学期就要开始了，马上我就是一名初三的学生了，我不想再矛盾、迷茫下去了，不知道老师可不可以来温暖一下我呢？我很需要您。

素未谋面，可是我真的好喜欢您！我好想和您做朋友啊，尽管我可能没有资格，但我还是想试一试，特别希望可以收到您的回信……

最后祝您身体健康，工作顺利！真心祝福您一切安好！

您的读者：央央

央央宝贝，你好呀。

谢谢你喜欢我。

你真是个能干的孩子,兴趣广泛。最难得的是,拥有一颗好奇心,很值得称赞呢。

对于你的两个问题,我这里也没有答案,只能提点个人建议:

一、关于写文章。

你只管记录你的哦,只要你觉得快活。

平平常常的人生,本就没有多少轰轰烈烈的事情,一些细微的日常,有些人会感动,有些人则漠然,每个人的触感不一样呢。当然,也可能是你没有把一件事情叙述好,引不起他人的共鸣。

平时多动笔,多动嘴。动笔写,动嘴讲。多用些口语化的、贴近日常生活的语言,少耍文艺腔,天长日久坚持下来,你就能熟练掌握叙事方法了。

二、关于你自身的问题。

那挺正常呀。不矛盾不迷茫那是不可能的,生活本就是一个矛盾统一体,有阳光,必有阴霾;有白天,必有夜晚;有花开,必有花落;有草长,必有草枯;有相聚,必有离别;有欢笑,必有忧愁……倘若没有矛盾,就像天空没日没夜的,永远悬着一轮大太阳,那也是挺叫人绝望的一件事。因为有矛盾,生活才有百种滋味千种体验,才有了丰富多彩一说。

当矛盾到来时,不害怕它,不回避它,像接纳一个老朋友似的接纳它。你要懂得,黑夜的尽头就是白昼,风雨过后可见彩虹。生活总是充满等待和希望的，明天又是新的一天。

嗯，我刚刚阅读时，看到这样一段话，觉得不错，我把它送给你吧：

做自己，多注意自己所拥有的。同时，接受自己的无知和有限；少去想那些原本不属于自己的，同时接受世界的深广和无限。

祝你初三学习顺利！

梅子老师

NO.2

亲爱的梅子老师：

您好。

首先，非常感谢梅子老师可以给我回信，满足了我的心愿，我特别高兴和惊喜……也感到慰藉。

其次，我还有个自私的不情之请，您可不可以加我微信，或者QQ？我想经常跟您说说话。您不回也可以的，如果不答应也没关系，我知道您忙，完全可以理解的。我们可以继续邮件交流，可以给您写信并收到一封回信，我就真的很满足了。

再次，老师的指导，让我懂得了一些人与人的区别。每个人都是一个小世界，都是"自己"。可是有时候我还是做不到不在意，很多人很多话无意间进入我的脑海，怎么也出不去了。我无法做到自我排解，有时甚至觉得自己抑郁了，会情不自禁地想要结束自己的生命。失眠、心悸对我来说也确实是经常的事。我不知道也不理解我为什么要给自己那么大压力，不止是学习上的。听了老师的话，我知道不矛盾是不可能的。可我做不到平衡，我很想让自己好受一点，不那么压抑、痛苦。真的好难好难。

谢谢老师送给我的话，我本能地记在心里了。可是我不知道我什么时候可以真正消化，真正做到。我说这些话，梅子老师会不会不喜欢我了，会不会对我很失望啊？我保证，我在努力，努力做好自己，做好这一切。

最后，还是要送上我的祝福，祝福老师天天如意！爱您！

感谢老师认真看完。

央央

央央宝贝，你好。

加微信和QQ就不必了，因为我很少看手机，你若有什么急事，我未必能及时看到并做出答复。还是通过邮件吧，我每天都在电脑前工作，邮箱都开着的。

今年的春天来得晚，立春过了，雨水过了，竟还有霜冻来欺。一些该开的花，滞缓了盛开的脚步，花苞儿瑟缩成一团。

比如玉兰花。我昨天去看它们时，它们的门扉前，还是一片荒凉的。季节有时也不按常理出牌，何况人呢？总有那么一些人，爱论别人的是非，爱看别人的笑话，以打击他人为乐，爱嫉妒爱猜忌。你若因这些人活得不快乐，活得失去自己，你就太对不起你自己了。

再长的寒冷终会过去，春天还是来了。我在黄昏时去外面散步，看见枯草下的小草芽。看见柳枝上一抹抹鹅黄。看见海棠花苞里泄露出来的好颜色……我知道，春天就等在那里，只待一个暖阳一照，它就哗啦一下跑出来了。

宝贝，多给自己一些信心，那些旁枝末节的人和事，不必挂怀。有时实在甩不开，你就找点喜欢的事做。你不是钟情于书法、国画和剪纸么？那么，铺开一张白纸，好好写几个字。好好画一幅画。好好剪个自己喜欢的图案。看着手底下的作品，以自己的温度呈现出来，这是多大的成就啊！当你集中精力做事时，一切的芜杂，也就自动消隐了。

宝贝，不要动不动就抑郁，就要结束自己的生命，这是太愚蠢的人才干的事。大千世界，有多少春夏秋冬等着你去慢慢品尝呢。尽自己的力，读自己的书，做自己的事，走自己的路，就是最成功的人生了。

梅子老师

NO. 3

  梅子老师,您最近还好吗?

  好久没有与您通信了。很抱歉,是因为学校一直在上课。我们是放月假,一个月才回家一次。

  您写给我的信,我大部分内容都背下来了。我心情不好的时候,就把它们默写出来,写着写着,我的心情就平静了。

  我也渐渐对自然万物生出热爱之心。比如说,昨晚虽是个残月,仍阻挡不了我对它的爱恋。我痴痴站在外面望了很久,想起梅子老师您比喻过的"月亮像把银簪子"的话来。我当时真想摘下这把"银簪子",把它送给您。

  老师您对我的教导,是比月光还要美好的东西。虽然素未谋面,但是非常感谢老师对我的支持和帮助。虽然我有时还是介怀别人的事别人的话,会小小难过一下,也介意自己学习上的事。但我已学会调节自己的情绪了,我会口念您送我的口诀:尽自己的心,读自己的书,做自己的事,走自己的路,就是最成功的人生了。我也会铺开纸写几个字、画一幅小画、剪几个图案。这方法对我真的很有用,我重又拥有信心和勇气。我也学着老师您,每天写日记。这样的我,老师您喜欢吗?

  感谢老师对我的栽培,我一定会更加努力!

  希望您一直开开心心过每一天,没有烦恼,没有忧愁。

  也希望我可以继续在您的启发下,越来越好,遇见一个更好的自己。

爱您！

央央

央央宝贝，你好啊。

这样的你，我当然喜欢啊，喜欢得不得了。天上一弯小月，地上一个青春的孩子，她仰头望向月亮的时候，眼睛里，荡着两弯月。那画面光想想，也是美好得不行。宝贝，世界是美好的，而你，是这美好中的一分子。

我这里的蔷薇都开好了。我书房的楼顶上，就有着一丛。原是我散步时，随手攀折下的一根枝条，带回插下，竟然成活。几年过去，它已蓬勃成一个旺盛的大家族，快占领我的大半个露台了。粉粉的小花，一开一大片，香气四溢。我在月夜，登上楼顶，剪下两枝，插在我书桌上的玻璃瓶里。这样的夜，温柔得掐得出水来。生命是因这样的蔷薇而愉悦而充满馨香的。一切无关的人和事，有什么可介意的呢？我可以专心读我的书，写我的字，别人怎么评价我的书我的生活我这个人，那是别人的事。我真真切切拥有这样的蔷薇，这样的好时光，这样的好天气，就很值得感恩了。

宝贝，因为热爱，我们才拥有自信，愿你能永远保持一颗热爱的心。终其一生，我们不是要活成别人的样子，而是要活成最好的自己。生活不会总赐予我们春天和阳光，它也会给我们设置障碍，前行的路上有风，有雨，有泥泞，有艰难，可是只要头顶上还有一弯月照着，我们总能循着一点光亮，走到光明处。

送你《围炉夜话》中的一段话吧：

愁烦中具潇洒襟怀，满抱皆春风和气；暗昧处见光明世界，此心即白日晴天。

祝福你的明天更美好！

梅子老师

无风花自飞

NO.1

亲爱的梅子,我是你千千万万读者中的一个初中生,我很喜欢您和您的书啊。虽然我知道您也许不会看到这些私信,但凡事总要试一试,万一成功了呢,您说呢?

我今天身体非常不舒服,实在受不了,请了一下午的假。我爸非常不能理解我,他唠唠叨叨说我,说我,说得我藏无可藏。我真的巨生气,回到家也无心复习,便拿出《风会记得一朵花的香》看了看。

心情真的好了许多。之前还在想咨询心理医生的我找到了心灵的归属。

谢谢您梅子。

千与千寻

宝贝,谢谢你喜欢我的书啊。每每想到我的书,躺在喜欢它的人的案头,我就忍不住要感激。茫茫书海之中,它得遇有缘人,这对它来说,是多大的福分啊。

身体不舒服就得休息。爸爸唠叨就由着他唠叨吧，说得对的，你听上几耳。说得不对的，你就当是耳旁风好了。不要生气。跟亲人有什么气好生的？

　　人总有情绪低落的时候，有时很是莫名的。何况你正处在青春期。"不摇香已乱，无风花自飞"，这是这一年龄阶段的特点呢。这个时候，你要多想点快乐的事。听听好听的歌。吃点好吃的东西。看看天上的云卷云舒。实在不行，蒙头大睡一觉，也是个不错的选择。醒来，明晃晃的太阳又升起来了，新的一天开始了。昨天的不快，把它丢给昨天去吧。

　　祝你身体早日康复！

梅子

NO. 2

　　梅子您好呀！

　　早晨醒来看到您的回复，真的好意外好惊喜啊！我竟真的收到您的回信了？我使劲掐了掐自己，不是做梦哎！感谢老天，这是心诚则灵嘛。哈哈，谢谢亲爱的梅子！

　　您说得对，人总有情绪低落的时候。或许我听听我喜欢的音乐，就会好很多吧。

　　我身体恢复了一些，只是浑身无力。但我还是坚持去上课啦，不然我爸又要唠叨了。初三了，不敢掉太多课。

不知道前途在哪里，想想就烦啊。也只有硬着头皮往下走喽。

梅子，是不是以后我都可以这样跟您说话？真希望是这样啊。哪怕您不回复，我就静静说两句，心情也好很多啦。

千与千寻

宝贝，你好。

你当然可以这样对我说话啊，随时都可以，只要你想说，我就听。只是有时我有点忙，可能不能及时回复你。

身体没有彻底恢复，最好不要强撑，那对身体是损伤，对学习也没有利。你躺在床上也一样可以学习啊，听听英语听力，或是听听古诗诵读。早上吃个鸡蛋喝点牛奶，对增强体质有好处。

前途的事情，交给时间去想吧，你就不要想了。你要想的是，怎么度过你的今天，要让今天迈出的每一步，都算数。

希望你的今天是元气满满的一天哦。

梅子

NO.3

梅子，您好吗？

好些天没有来和您说话了，挺想跟您说话的。

中考前一系列的紧张，天天都在备考中，终于挨到最后一天了。今天班上有十多个人请假回家了。真的好累，而且越到最后越浮躁越学不下去。

坐在教室里的其他人，也都学得心不在焉的。就这样，我们混了一个上午，一个下午。傍晚的时候，老师让我们把教室里的东西全部收拾干净了。这里要做考场了。

我们的考场不在我们学校，在另外一个学校。另外一个学校的人，要到我们这里来考试。明天我们会去看考场，后天正式开始考试。

我在我的课桌上，刻了一朵小花，用蜡笔涂色了。我希望坐到我位置上考试的人，看到那朵花会开心一下。谁知道呢？我知道梅子是喜欢花的。我刻那朵小花时，想的全是您。听听音乐，看看您的书，想想您，会排解一天的坏心情。

我希望我们可以像朋友一样，像知己，我时不时向您袒露心声。

但，梅子，我不希望这影响您的生活与工作。您忙，就不用回复我，对您说说心里话，整个人轻松多了。

爱您，梅子。

千与千寻

宝贝，你好。

放松一下吧，考试前就不用紧张地复习什么了。如果实在要复习，不如练练环境描写吧，写写日出，写写黄昏，写写星空，写写鸟鸣虫叫。也可以背背诗词，课本上有的，是一定要会背的。做这些，可以边做边玩，一点儿不要有负担，就当是为你的"考场作文"备下点素材吧。以寻常心对待中考，就当它是一次寻常检测，有多少家底，亮出来给它就是了。

想着你在课桌上刻的那朵小花了。不知哪个孩子有幸，可以让那朵小花陪着，把一场一场的试考下来。有那朵小花陪着，他一定很开心。你也可以送自己一朵小花啊，画在文具盒上。或者，直接掐一朵小花，揣口袋里，别在衣襟上。六月里，栀子开了呢，就掐一朵栀子花吧。栀子同心，你落在试卷上的每个字，都将是香的。

祝宝贝考试顺利！

梅子

NO.4

嗨！梅子，还是喜欢这么称呼您。虽然，这有些不敬，我该称您梅子老师。可我真的把您当作我最好的朋友。

上次给您私信跟您一起分享我的生活还是在三年前，我现在已经上高三了。时隔这么久，第三次第四次拿起您的《风会记得一朵花的香》，我又有了不一样的感受。这一次我找了一个色调最温暖的本子（因为我觉得这本书，还有您，值得拥有这样温柔的颜色），把里面我喜欢的句子摘抄了下来。

　　我是一个特别自负的人，我时常感到孤独，尽管我有很多朋友。您书中的那些小欢喜、小幸运，还有许多经常不被我们注意的小美好，会让我感觉到很温暖。在读您的作品时，就好像我被关心了，被在意了，也有被看到。

　　其实不仅是《风会记得一朵花的香》，您的其他作品我也会在不同年龄段反复品味的。作为我唯一喜爱的作家，我经常说，丁立梅就像个显微镜，一个发现别人不易发现的那些美好事物的显微镜。这些话也是我在高三紧张的生活中的一些心里话，不论您是否可以看到，我都很开心有机会说出来。

　　今天和朋友一起买了您的《草木染》，作为给自己枯燥高三生活的一点慰藉。接下来的日子，我还是会与孤独相伴吧，还是会时不时地忧郁、茫然吧，希望我能像您一样用包容和"过滤"的态度对待世界，"过滤"掉生活的疲累，留下一切美好。

　　最后祝您工作顺利，天天开心！

　　期待您能像三年前那样回复我的消息。

某个一直很喜欢您的高中生：千与千寻

　　千寻宝贝，你好。

　　很高兴三年之后，又听到你唤我梅子。挺喜欢你这么叫我的，有天蓝山青好花在开的感觉。亦很高兴你还在读我的书，并挑了我喜欢的温暖色的本子，来摘抄我的文字。这样一份深情，我很感激。谢谢你。

人，生而孤独。这是因为每一个个体，都是一个独立存在。既然如此，那就好好享受孤独吧。我们一生都在训练的功课，便是独处的能力。兰生幽谷独香，舟在江海独浮。每一个生命，都因孤独而自由，而丰富，而美丽。它拒绝和阻挡掉额外的喧嚣、不必要的社交、名利诱惑和随波逐流，拥有的是自律、清醒、纯澈、豁达和宁静，它会让你在你的小世界里，独自葳蕤生辉。

我很喜欢独处。独处的时候，我的灵魂才实现了绝对自由。我做我喜欢做的事，去我喜欢的地方，时间与空间都不会成为我的阻碍，我不要听命于任何人，不要迎合任何人的想法，我只对我负责。我常独自一人去往幽秘的荒芜之地。因少有人走动，那里多的是野草丛生。我特别爱看那些野草，无人打扰的它们，多么自由欢快。想开花了就开花，想结籽了就结籽。开几朵花或开成什么颜色，也是它们说了算。它们有它们的坚守，生命无关乎结局，只关乎活着的每一刻。在它们身上，我闻到灵魂的芳香。我清醒地知道自己想要什么，怎么过好每一天。心灵的窗户，是清净亮堂的。有白云照着，就映一窗白云。有野花照着，就映一窗野花。宝贝，在我们生活的自然环境里，有太多的小美好，只有孤独的人，才更易发现它们吧。

高三了，面临高考，出现紧张、茫然、忧郁的情绪是难免的，允许它们偶尔冒一下头，但要立即赶走它们，别让它们干扰到你的日常。你也是久经考场的"老将"了，迎战经验足足的，兵来将挡，水来土掩呗。现在，你只需关注眼下就行了，眼下是"排兵步阵"呢，把你的每一门学科，排到最适合它们的位置上，以提升它们的战斗力。换句话讲，就是巩固好你的每门学科的学习成果，让每一天活得结结实实。足矣。

祝宝贝天天开心，高考顺利！

梅子老师

人生的意义

NO.1

敬爱的丁立梅老师:

您好。

深夜来信,冒昧打扰。

又一次正式地给您写信,希望您依然可以读完。

这个星期去医院住了一周,最后医生说我窦性心动过速,房性早搏。不得不放弃了中考体测。想一想,确实是焦虑引起的。

今天跟您讨论的主要是我的一些内心想法,希望在您这里可以得到正确的解释,可以再次温暖我的心。

天天说思考人生思考人生,我确实认真思考了。晚上坐在飘窗上,看着黑黑的天空上有几颗星星,不自觉地出了神。或许是真的,我总是以悲观的视角看待这一切。老子说对立的双方是可以相互转化的,我却怎么也做不到,自己安慰自己,可总也不相信。我说服不了自己,我就是快乐不起来。

我的手腕上有多少条伤疤,新旧更替,是我自己划伤的。太压抑了。很多时候,我都不知道我为什么活着,为了麻烦别人,为了影响别人,还是就是花钱,或者让父母伤心失望,有什么价值呢？还不如没有这个人。或许我真的很悲观，给青少年压力的不只是学习。学生之间的钩心斗角，不比职场上的差，我们要处理的人际关系也很棘手……我们的生活不只是学习，除了学习还有压力，压力不一定是学习带来的，很多都不是。

  我不否认，我花了很多钱，温室里的花长不大，身在福中不知福。既然一切错都在我，我为什么要存在，存在就是为了犯错，给这个世界负能量？那我宁可消失。其实好好想一想，如果没有家长口中的别人家的孩子，没有所谓的功利，没有那些爱慕虚荣，单纯的感情会不会多一点？爱，会不会多一点？这个世界比较得太多了。"激励"这个词会伤害多少孩子？伤害多少我们之间单纯的爱，不只是学习，上个钢琴课、舞蹈课，什么课都要考级。满当当的荣誉证书，有几个是自己想要的？有些就是虚荣。那些荣誉证书，使我们失去多少好时光。小孩子之间的感情，今天吵架明天就会好，为什么有的感情好不了，有多少误会来不及解释。有人从中作梗，使我们误以为对方伤害自己，自以为是地走开。人真的好奇妙。历史是进步的，可是也伴随着压力生长。这个社会，我们所构建的美好的社会，只是物质在生长，而心灵呢？享受多少就失去多少，很多时候，我们失去的才是我们真正需要的。不是吗？

  最近推行的这个双减政策，我认为无法根治压力，反而增大了。

  这星期过去，就是期中考试了。我请了一个星期的假，落下了很多课，我不知道这次考试会让本来名列前茅的我掉到哪里去。年级第一前几个星期也请了一个星期的假，人家回来位置纹丝不动，比第二名多了五十多分。她曾经是我的闺蜜，我想我们又会被重新比较。对那些议论我的话，我该怎么办呢？或许您可以说，让我不要去理会它们，不要去在意，努力做好自己就可以了。可是这些话我自己也会说，我会安慰自己。但是就是对我产生了影响，我没有办法解决。这时候又该怎么办？

我真的好崩溃我承认我是渴望乐观的，但这只是我的理想，我也希望可以达到那个理想的大同社会，可是真的好难啊。

或许我是从个人角度出发，比较片面地看这个世界，这个社会。但是这真的是我认真思考之后的结果，或许换一个乐观的人，这个社会无论怎样都是极其美好的！

希望梅子老师可以用一些美丽的文字告诉我生命的真谛，告诉我该怎么去适应这个世界，让我有动力继续生活下去……

非常感谢您认真读完。盼望回信。

您的读者：幽中之冥

宝贝，你好。

原谅我，一直拖到现在才给你回信。你等急了吧？想来你的期中考试早已过去，无论是好，是坏，你都接受了，对不对？且渐渐地把它丢开。我们有时很害怕面对的那个结果，在不知不觉中，会变成"陈年往事"，不值一提了。我们又会面对下一个"未知"。人生就是一个"未知"续着一个"未知"，如果我们总是那么惶恐着惆怅着，一生真的毫无意义可言了。

我还是喜欢活在当下。当下的每一分每一秒，我好好握住，让自己不那么沮丧，能更多地感受到这个世界赐予的丰盈，就很好了。

这些天，我委实忙得很呢。我去一个海边的小村庄住了一些日子。它有个非常有趣的名字，叫巴斗。像你这般年龄的孩子，大概不知巴斗为何物吧？它是从前人家装粮食装物什的藤编器物（也有用竹或柳条编的），底部是半球形。从前村子穷，村里人连吃饭的桌子也没有，一到吃饭时，就把巴斗倒扣过来，当桌子使用。久而久之，村子就被喊成巴斗了。

我为什么要住在那里呢？是因为那里的朴素和祥和。一个村子，只有百十户人家，这百十户人家还有一半人不大在家，他们外出做工去了。所以，无论白天，还是夜晚，村子里都很安静。连鸡也安静，狗也安静，少有啼鸣吠叫的。村子里所遇之人，也都一脸和气，又友好，又大方。跟你聊了没两句，就拉你去他家坐坐，喝口茶，吃口饭。地里长的萝卜，你可以随便拔来吃。

我在那里，早上老早起来，去看露珠装饰在草叶上、花朵上，莹莹发亮，如钻石。花也都是野花，一开一大片，自由自在得不得了。我觉得大地真是富有。大地当然是富有的。我不想辜负，忙着分享它的富有。

我也跑到海堤上去看野鸭和海鸟们，它们成群结队在滩涂的浅水塘中，它们嬉戏，它们追逐，它们炫耀舞姿。见着我，齐齐奋飞，如撑开了一张张小小的帆，大有百舸争流之态。它们好像专门为我表演似的，我一人包场，享受着贵宾待遇，你说我能不高兴不幸福吗？

我也傻等一只黄猫爬上一棵乌桕去。它蹲在树杈间，盯着东方。它在望海吗？我问当地人。当地人瞟一眼树上的猫，笑着说，它那是吃饱了没事做呢，就爱上树玩。我笑了，替猫感到幸运。猫在那儿，可算是在天堂了，海里哪天没有鱼上来？它天天吃鱼吃到撑。

晚上呢，我爱伏在民宿的窗口，数数星斗。那里的夜是纯粹的漆黑，纯粹的安静，星星显得特别的亮，如亮晶晶的大樱桃。远处海浪的呼吸，仿佛就响在耳旁。那个时候，我只能想到一个词，这个词，叫美好。觉得人世万般艰难，我都可以忍受了。觉得自己受过的众多不平和不公，皆可以原谅了。

这世上，什么最难？答案是，活着。谁的肩上没有吹过风淋过雨呢？我也经受过很多，经历过一些坎坷，受过一些打击。可再多的伤口，时间终会帮我们愈合的。我只要当下的日月星辰还在，就能保证我的心是温润的，眼睛是明亮的。有了温润的心和明亮的眼，世界又焕发出不一样的美了。

是的宝贝，这个世界不完美，这是事实。如果你老盯着它的不完美，是一天也活不了的。就拿眼下的新冠病毒来说吧，已持续相当长一段时间了，还在持续着，它扰乱了多少人安宁的日子啊。有专家说，这种病毒将与人类长期共存。我们是不是要绝望，要集体消失掉才行？当然不是。因为，这个世界除了病毒，除了灾祸，除了磨难，还有很多令我们不舍的东西，比如星空，比如大海，比如被露珠装扮一新的野花，比如一个安静的小村子。比如，我们爱着的人和爱着我们的人。人类最值得称颂的，是经受无穷的打击，依然屹立不倒。

宝贝，每个人降临到这个世上，都是没得选择的，只此一个，想要重塑也不成。你喜欢也好，不喜欢也罢，你就是这样的一个你啊。那何不认认真真爱上这个你呢？她有比不过别人的地方，她有小任性，她有诸多理不清的小情绪……她不是个完人，她也有很多以她的能力做不到的事。你要承认这一些，接受并爱上这样一个她，对她公平一些，让她活在自己的愿景里，而不是别人的评价中。

不要全盘否认社会的评价体制。人是社会中的人，人是要得到一些认可的，才会令生命的意义升华。就像花要得到昆虫的认可，才得以获得授粉的机会，成功繁衍后代。社会的进步，势必要推动一部分人向前走、向上走。在这样的社会评价体系下，每个人尽力做好自己，在自己的时区里，尽可能地盛放，就可以了。倘若自身没有艳丽的颜色，那就酝酿出独特的气味。总之，要做自己。你是小菊花，而非牡丹，那就做一朵顶好的小菊花吧。

好孩子，摒除一些杂念，是你紧着要做的事。不要让自己陷入无边的假想中。有个哲学家说，当你凝视深渊的时候，深渊也正在凝视着你。我觉得颇有道理，你凝视深渊日久，你也成了深渊了。而事实如何呢？除了深渊，这世上还有更广阔的草原，更雄峻的高山，更迷人的海洋。

好孩子，人生实短，好年华眨眨眼就过去了，对你来说，真正一心一意用来读书的好时光，也就这几年了。我希望你，多把思想集中在你的学业上，旁人的闲言碎语，也就难以入你的耳了。多爱自己一些，多拥抱自己，做自己最坚定的支持者，旁人的虚荣浮华，也不过是雾霭一般，轻轻一拂，也就散了。

宝贝，人生的意义不是思考得来的，而是一步一步，踏踏实实走出来的。

梅子老师

NO.2

敬爱的梅子老师：

您好。

迟来的祝福：新年快乐！诸事顺遂！

初三的学习生活着实紧张了起来，我也逐渐有些焦虑，许久未与老师联系，不知您可还记得我？

我表面看来或许还行，但我自己知道，其实乱得很，心里也不踏实，感情上更是脆弱。我不是一个聪明的人，总想着好好努力，紧逼着自己，也享受学习的快感。这些年我失去了很多朋友，付出了真心却也被背叛过，这无疑让本就缺乏安全感的我更加觉得世界灰暗。感情的挫败让我更加焦虑难耐。还好，

自我：你比想象中的自己更强大

有一直爱着我的人。还好，有您的鼓励与陪伴。

老师给我的回信启发了我不少，很感激！我也在学着感受世界的美好，也确实有一瞬间让我觉得人间值得！活在当下，珍惜眼前，也不错的。这不，我也学会了"偷懒"。春节期间我包了饺子又做了饭，很有成就感。初一那天与同学相约一起去玩，我拥有了前所未有的释然。也体验了很多第一次。那一天的阳光是那样温暖，天空是那样湛蓝，小小的风筝高高挂在天上，压力和焦虑好像在一瞬间随着风筝飞走，而我，也变成了一个快乐的追风筝的人，再次追回的是快乐与激动。

这段时间，我渐渐明白了一些，也学着看淡了一些。情不自禁地与您分享——距离产生美，人与人之间也是这样的，对吧？好似我们都应该保持一定的距离，不过度依赖，不过度打扰，不倾盆而下地吐露心声，或许，会有更多舒服的友情吧？

我有一个从小一起长大的朋友，她比我大一些，比我早上学一年。当她跟我说她有一个多好多好的朋友，我很伤心，因为那时，我把她看作最重要的人。后来，我也上了学，我们都有了各自的圈子，因各种原因也没有经常联系。但是我一有需要，她能做到，总是帮我。她一找我，我也几乎有求必应。闲来有空，我们也总有话可说。现在我们很久不见，见了也还是亲密无间。可能不是彼此最好的朋友，但也不会失去的，跟她在一起很安心。我喜欢这种感觉。喜欢那样的距离，给彼此空间，也给自己放个假。

我很喜欢向日葵，也信仰着它的精神，可我却很无能。绝大多数时候我在自己说服自己，自己告诉自己这个世界有多好，但是也总有一个声音告诉我那些不幸。有时候我会很乐观，充满正能量，可是有时候我却很悲观，什么东西也挡不住我的低气压。我很讨厌这样的自己却又无可奈何，我是矛盾的。左右于阳光与阴影。中考在眼前，我也很迷茫。

这时我又想起了您。我喜欢与您交流，说说平常事也好，喜欢您可以带着我欣赏人间美景，读您的信，很快乐，我一遍一遍地看，看了又看，不厌其烦。您的文字似乎成了我的一根支柱，引着我走向宽阔的人生路。

很荣幸可以得到您的回信，确实给了我温暖与慰藉。感谢！

幽中之冥

宝贝，你好。

谢谢你又一次跟我分享你的日常，你的心情。

再乐观的人，也有悲伤的时候。一切情绪的存在，都是人的正常生理反应，别过于介意。

李白够狂妄不羁吧？"天子呼来不上船，自称臣是酒中仙"，是他；"仰天大笑出门去，我辈岂是蓬蒿人"，是他；"人生得意须尽欢，莫使金樽空对月"，是他；"桃花潭水深千尺，不及汪伦送我情"，是他。这样一个豁达狂悖朋友遍天下的李白，也有"花间一壶酒，独酌无相亲"的孤独；有"抽刀断水水更流，举杯消愁愁更愁"的抑郁。

苏轼够乐观够豪迈吧？"大江东去，浪淘尽，千古风流人物"，是他；"竹杖芒鞋轻胜马，谁怕？一蓑烟雨任平生"，是他；"老夫聊发少年狂。左牵黄，右擎苍。锦帽貂裘，千骑卷平冈"，是他；"一点浩然气，千里快哉风"，是他。这样一个通透清朗的苏轼，也有"拣尽寒枝不肯栖，寂寞沙洲冷"的孤寂；有"长恨此身非我有，何时忘却营营"的无奈。

宝贝，活在这世上，谁都不会永远处在鲜花簇拥之中，谁也做不到永远好运当头，艳阳高照。在每个人的一生中，必会遇风，遇雨，遇种种波折艰难，正是有了风风雨雨的锤炼，才能立足天地间。比如苏轼，一身才情，满腹诗意，命运却似浮萍，一直走在被贬的路上。他有过灰暗，却在那灰暗里，燃起一把火，让自己活得光芒四射。有个叫蒙田的思想家说过这样一句话：既然不能驾驭外界，我就驾驭自己；如果外界不适应我，我就去适应它。当你处在"低气压"的时候，不妨想想这样的话。

世界是不完美的，我们来，就是为了修补它的。

预祝你中考顺利！

梅子老师

辑二

关系：与其改变别人，不如改变自己

你要活出一个怎样的你，我要活出一个怎样的我，不取决于这个世界的态度，而取决于你我自己的决定。

树树生翠微

梅子老师：

你好。

在初中的时候，我读过你好几本书。开始读的时候，我是拒绝的，因为那是老师布置的任务。我不喜欢被人强迫着做事。但后来，我却喜欢上你写的文章。你的文字，对我有镇定作用。我也说不好吧，反正在我烦躁的时候，读你的文字，就能安静下来。后来，我主动买了你的几本新书，它们一度是我的枕边书。

我今年上高二了。偶尔还会翻出你的书来看，在我心情烦闷的时候。我看过你的一本《我们都不是完美的人》，你给很多向你寻求帮助的人回信。我于是抱着试试看的心态，给你写下这封信。你回与不回，都无关紧要。我只是想找个人倾吐一下，而你，是唯一一个适合的人。

在我4岁的时候，我妈和我爸离婚了。我对我爸没有一丁点印象。因为我生下来，就是寄养在外婆家的。那个时候，我妈在外面打工，我爸也在外面打工。他们只在过年时回家，我妈回外婆家，我爸回奶奶家，他几乎没来看过我一次。然后有一天，他们就离婚了。我被判给我妈，还是寄养在外婆家。那时我特别怕被我妈抛弃，她一回来，我就像条小尾巴似的黏着她。只是，她很少回来。有一回，我故意让自己受凉，患上重感冒了，她才请假回来一次。

我6岁的时候，我妈再婚了。嫁的男人是个搞装修的水电工，她跟着那个男人到城里定居下来，把我接了去。我竭力讨好那个男人，叫他爸爸，叫得可甜了。他果真表现得很喜欢我，帮我改了姓，跟他姓，并且亲自接送我上学放学。有次，他去幼儿园晚了，所有小朋友都走了，我心里害怕极了，怕他不要我了。待他接到我，我告诉他，班上有小朋友对我说，王思思，你爸爸不要你了。他听了，笑着问，那你怎么回他的？我说，我爸可喜欢我了，他才舍不得不要我呢。其实这话是我编的谎话，骗他的。他却信以为真，挺高兴的，后来回家还说给我妈妈听。

我以为日子可以在这真真假假中安然度过，我也打算好好做他的女儿了。谁知道在我12岁的时候，我妈给他生了个儿子，算是我的弟弟吧。自从他得了儿子，我在家里就成了空气一样的存在，他再也不曾过问过我，上学是我自己去，吃饭是我自己弄。我妈的眼里也没有我，他们整天围着我弟弟有说有笑，那些热闹没有我的份，我就是个寄居的，他们才是一家子。我哭，我笑，没有谁在意。我疼，我伤，没有谁安慰。我热，我冷，没有谁关心。我就这么一路孤独地走过来，却不得不伸手问他要钱，上学要钱，买衣服买鞋子要钱，住宿要钱，买纸买笔买书要钱，上补习课要钱……每一次伸手问他要钱，我都觉得屈辱。因为他总是皱着眉头来一句，怎么要得这么多？随后又补上一句，省着点用，这些钱都是我一锤子一锤子凿出来的。

今天又到放月假的时候了，我迟迟不想回去。却又不得不回去，因为，我又要伸手问那个男人讨下个月的生活费了（我妈自从生了儿子后，就不出去工作了）。有时，看到同学被他们的爸爸妈妈悉心爱护着，我就偷偷哭。老师，你说我的命怎么这么苦呢？我好羡慕老师你啊，你总是那么逍遥自在幸福美满，我多想拥有你那样的生活。

好了梅子老师，信就写到这里吧，说出来我心里好受多了。谢谢你的倾听。我还会一如既往做你的读者。

王思思

思思，你好。谢谢你对我文字的阅读。很荣幸，我能被你珍重阅读，并获得你如此的信任。

刚刚我这里下了一场疾雨。今年的天气有点反常，本是多雨的季节，却愣是30多天艳阳高照着，没有下过一滴雨，好多植物都干渴得厉害。我窗外原本碧青着的一株广玉兰，肥厚的叶子也失了光彩，显得萎靡不振。花坛里几株月季、一丛蜀葵，虽开着花，却开得无精打采的。

疾雨突然而至。珍珠似的雨滴，啪啦啦敲打下来，很有些力道。我听到满世界的植物一边喊疼，一边雀跃不已。疾雨持续了一个多小时，把一个失了水分的世界，重又喂养得饱满深情。雨过天晴，我出门，看到被打落一地的叶子——那是这场雨带来的"伤害"。然眼睛张望之处，树树生翠微，朵朵含水灵。思思你说，植物们是该感谢这场雨，还是该对它抱有怨恨呢？

思思，你就好比一株缺失水分的植物。你的亲生父亲一直缺席着，你的母亲又是个糊涂人，她不懂得怎样爱护你，你从小的敏感缘于此。但你后来，遇到了"水"，它就是你信中所说的"那个男人"带来的。

他不由分说地撞进你的生命中来，从你6岁起，一直到今天。名义上，他替代了你的父亲。但在你心目中，是从未把他当真正的父亲的，你清楚着你们毫无血缘关系。所以，在情感上，你是排斥他在先的。那么，你又怎能要求他把你当真正的女儿，捧在手心里？对一个曾与你八竿子打不着的人来说，他对你做的，已经很不错了，供你衣食住行，供你读书学习。也许他的某些言行，让敏感的你感觉到了"伤害"，就像一场雨会打落树上的一些叶子，可一棵树却因雨的润泽，延续了旺盛的生命力。你承认也好，不承认也罢，他的的确确像一股小细流，流经你的生命，给予你滋养。

弟弟的出生，转移了他和你妈对你的注意力，你不自觉地筑起一道防护墙，把他们与你彻底隔绝开来。然你又不甘心被忽视，被冷落，你怨恨着，不平着，一日一日，这些情绪便像毒蛇似的，咬噬着你的心——不是他们伤害了你，是你自己伤害了你自己啊。如果你能放下防御，走近他们，去爱他们，去爱你的小弟弟。我想，"那个男人"也会反过来爱你的吧。好孩子，人与人之间的爱是相互的。

你妈妈没有工作，你们一家，都是靠"那个男人"在撑着。你弟弟还小，你又正处在用钱的高峰期（等你考上大学，学费和生活费也是一大笔呢），日常的进项和开支，他不知在心里盘算了多少回呢，对钱自然很看重。何况，他的钱，也真的是靠一锤子一锤子凿出来的，很不容易。他"牢骚"两句，也是情有可原。咱可以换位思考一下，假如你处在他的位置，你会如何做？

人说，滴水之恩，当涌泉相报。好孩子，他之于你，是有恩德的。他至少保证了你的基本生活需求，还为你带来你血缘上的至亲——你的弟弟，将来，你和你弟弟，才是这个世上最亲的人。

回家去吧，现在就回家，见到他，叫他一声爸，对他的辛劳表示感谢。如果可以，你不妨亲手为他做几道菜；不妨了解一下他的喜好，送他一件亲手做的小礼物；不妨和他好好聊聊，说说心里话；不妨陪弟弟玩耍，读一段美文或讲讲故事给弟弟听。当你先打开你的心门，我想，他断不会拒绝进来。命运让你们成为一家人，那就好好做一家人吧。思思，放下恩怨，你将解放你自己。从狭小里走出来，你的格局会变大，你会获得真正的平静和快乐。

梅子老师

莲子清如水

NO.1

亲爱的丁立梅老师：

您好。

是我的一个语文老师，把您推荐给了我，因此我才能够阅读到您的书籍。

我很爱看您的书，您的书让我找到我从未得到过的温柔。我也有过梦想，要做一个像您一样的作家，所以我决定把我多年来的心声，向您倾诉。因为，您不单单是一位作家，您还是一个母亲。只是我好伤心，您不是我的母亲。

人都说，世上只有妈妈好，有妈的孩子像个宝。可我有母亲还不如没有母亲，她从不曾爱过我。我的父母带给我的，只有阴霾和深深的伤害。从我一出生，我就背了一辈子的污点污名，他们把我当作一个智商有缺陷的孩子，向国家领取精神残疾证，骗着国家钱财。

在他们眼里，我就等同于一个傻瓜，一个呆子，我被他们亲手抛进深渊里。从小，每个人望见我都对我射出诡异的目光，做出躲闪的动作，好像我是瘟疫，他们一靠近，就会被传染上。

所以，我从小就活在担惊受怕中，走起路来畏首畏尾，藏藏掖掖，像是要躲避狼虫虎豹的袭击。

我上学了，很喜欢上语文课，每次语文考试都是年级第一。然而，遇到一个很凶的数学老师，对我不是骂就是打，我反抗，不听他的课，根本不想去搞懂几加几几减几几乘几几除几的问题，换来数学老师更大的打击。还被同学们当面嘲笑，有的同学还对我进行辱骂和做出诡异的动作。我没有同伴，总是像只蜗牛，背着重重的壳，把自己藏在里面，慢慢爬着走。我心理上受到的伤害，没有谁看得见，没有谁去在乎。谁会在乎一个智障呢！

我的整个少年时光，就是在这样的屈辱和担惊受怕中度过的。有一段日子，我极度怀疑家中每一个亲人会对我下毒，我认为他们都是丧尽天良的亡命之徒。每天一日三餐，我都亲自去盛饭菜，我怕他们在饭菜里给我下毒。然后，我又开始怀疑家中一切家具都被涂上了剧毒，我疯狂地用手指在一切家具上书写"正义"两字。说来也怪，每当我用手指疯狂地书写"正义"两字时，果真能够抵抗疑神疑鬼的心理。再然后，我怀疑我的衣服鞋子都是带有奇毒的。我在一本古书里看到，污水可以消毒。于是我将我穿过的衣服鞋子，统统浸泡在屎尿中。我就这样把自己囚禁在人不人鬼不鬼的万丈深渊里。

我好不容易挨到24岁了，却仍然每天活在亲生父母给我的侮辱之中。我好想死，我好想离开这个人世间。因为只有死才能够让我，清清白白干干净净。

我没有姓名。因为我的姓名是我父母用来侮辱我的，是拿它领精神残疾证骗取国家钱财的。如果实在要有个名字，我就姓空，名无吧。

最后，我想提一个愿望，亲爱的丁立梅老师，您能不能抱抱我，像妈妈抱孩子那样抱一抱？如果能被您拥抱一下，我死时也会带着一点幸福了。

空无

好姑娘，来，抱抱。谢谢你愿意对我倾吐心声。

读完你的信，我有好一刻不能言语。我的眼前晃过一些松树的影子，那是安徽天柱山上的松树，它们长在悬崖峭壁上，根牢牢扎入岩石的缝隙里，身子在半空中悬着。我见到的第一眼，就被它们给震撼到了，这样强大的生命力！是风，还是鸟，把一颗颗种子安在石缝里了？它们的命运，从掉进石缝里的那一刻，似乎就已经注定——除了被遗弃，还是被遗弃。可它们没有选择屈服命运，而是做了命运的主人，逆天改命。它们藏起每一粒飘过来的尘埃，攒下每一点路过它们的阳光和雨水，积蓄力量，出芽、抽枝、长叶，最终，长成一棵棵真正的松树，完成了生命的逆袭。它们是天柱山上最美的景致。

我还想跟你说说一个人的故事，这个人叫香奈儿。她出身贫民窟，母亲是在未婚之时生下她的。她从一出生，身上就被贴上了一个标签：私生女。在忍受贫寒和种种欺压中，她长到

12岁，做洗衣工的母亲突然患病离世，生父抛弃了她远走高飞。她成了孤儿，被送进修道院，开始了另一段更为孤苦和辛酸的生活。在那里，她被迫学会一门手艺——缝纫。也是这段痛苦的历练，为她今后的奋飞，插上翅膀。待她成年后从修道院出来，她靠着缝纫的手艺，养活了自己。后来，她遇上真心爱她的男人，为她打开人生的另一扇窗——她开始接触到时尚，设计出令人耳目一新的时装，一步一步，从一个小小的裁缝，变成国际时尚巨星，创造出闻名遐迩的时尚品牌：香奈儿。

好姑娘，命运没有善待你，那是一重不幸。如果你再不善待自己，那就又加一重不幸了。你让自己日复一日年复一年待在漆黑的深渊里，抱着仇恨，抱着不平，自怨自怜，最终伤害的只能是你自己啊。这对你很不公呢。你已熬过24年，若你现在结束掉自己的生命，你之前所受的苦，不都是白挨了吗？别用他人的错，来惩罚自己，那才真的是傻瓜才会做的事情呢。你现在不再是要听命于大人的小孩，你有自己的思想，有自己行动的能力，你完全可以学学峭壁上的松树，学学香奈儿。当你等不来救世主的时候，唯一可行的，就是自己解救自己。

好姑娘，振作起来，先让自己从"深渊"里爬出来吧，以往的种种伤害，咱都给打包寄存了，就寄存在昨天。从今天起，昨天的那个你已经死了，你是一个崭新的人，你只为自己而活。你说你的梦想是要做个作家，那就为这个梦想努力吧。这对写作而言可算是个最好的时代，不缺少发表的平台，你可以慢慢写，用文字与自己对话，为自己发声。

另外多读书,也是个不错的选择哦。如果说写作是桨,阅读就是舟,它会渡你去往无穷的迷人的远方,会让你拥有自己的一片天。

梅子老师

NO.2

亲爱的梅子老师:

您好。

我把您的回信,一字不落地抄下来了,我要珍藏着,每天对着它拜上一拜。

亲爱的梅子老师,您知道吗,从来没有人叫过我好姑娘,从来没有人肯走近我,对我轻轻说话,再拥抱我一下。我尝到的,只是世态炎凉。

我小学毕业考试时,数学交的是白卷。后来,我辗转进了一个艺校,学习舞蹈。艺校的校长是我家亲戚,把我收进去是逼不得已吧。那儿也教授初中高中课程,如果顺利的话,几年之后,也相当于大学毕业。

然而在那里,我遇到校园欺凌。我从小就不吃大米,只吃面食。因为一吃大米,我就呕吐不止。我的同学就当我是怪物一样,各种侮辱的话语,各种诡异的目光。偏偏老师又不知情,每当我与他们发生矛盾时,老师倾向于听取大多数的,只批评和惩罚我一个。我心里极度不平衡，反正除了语文课，别的课我也听不懂，上课时就有意捣乱。最后，我的校长亲戚得知，让我退学了。这样，我在艺校只念了两年半。从艺校出来，我已经16岁。

回到老家，不久后，我被家人送进老家的中学念初中。一个16岁的人，夹在一群小娃娃中间，那怪异不必说了。我除了语文之外，对其他学科一窍不通，学校自然不能容我。就这样，上了一年多，我又退学了。我只能待在家里，每天面对家人的鄙视、嫌弃和唠叨，他们都说我有病。也许吧，也许我真的有病。

我也不知道我能做什么，除了喜欢写点东西以外。我曾经想过，凭我的刻苦努力，我要赚一笔钱，在杭州或是苏州买幢房子，一个人住在里面，养只小猫，养只小狗，再不受人欺负，再不要看见我的父母。我也想过出家，伴青灯古佛了此一生，世间事皆与我无关。但我不知道，哪个寺庙肯收留我。我想得最多的是死亡。我曾经做过这样的梦，梦见我躺进棺材里，棺材里传出很大的哭声，凄厉悲怆。那不是我的哭声，而是我父母的。我当时心里畅快极了，我终于听见他们为我哭。

您的信给了我温暖。我也好想从深渊里爬出来，我不要一个人待在里面，我害怕。我也想做悬崖峭壁上的松树，我也想成为香奈儿那样的女人，可我要怎么去做？我一直想要的亲情，得不到。我害怕的亲情，却一直在身边。我的灵魂已经扭曲，我好渴望梅子老师救救我，下辈子我做牛做马来报答您。梅子老师若不嫌弃，这一世，我愿做您贴心的小棉袄。

我给自己取了个笔名，莲子。愿化作莲子，缘于莲子心里苦。

莲子

好姑娘，你好。我想跟你分享一下今天的黄昏哦。是在傍晚五六点钟吧，我在河边散步，看见夕阳如一颗巨大的糖果，在天边慢慢融化了，橘红的糖浆，把一河的水都搅拌成甜蜜的了。停在人家屋顶上的几朵云，不知被哪个大厨，拿夕阳的蜜汁烹饪了一下。转眼间，一大盘拔丝地瓜便呈了上来。那真的是热腾腾一大盘拔丝地瓜啊，勾起我强烈的食欲，好想拿筷子夹来尝尝。

自然有大美。每当面对这样的大美，我都觉得世间一切怨嗔皆可原谅。好姑娘，你先把心中的不平不甘暂且搁下，送自己一点时间，欣赏一个暖暖的黄昏吧。这个时候，你什么也不要想，只专注于眼前的美。等你欣赏完了之后，你的心境，也许会发生一些变化。

从你的来信中，能看出你的父母也曾为你付出过努力，不然怎么会送你去艺校，退学后又把你再送进中学？那也是为你寻一条出路的。好姑娘，放下仇恨吧，一味地反刍痛苦，只会使痛苦加倍，把本可以愈合的伤口，越撕越大，让自己沦陷于黝黑的深渊中，无力自拔。"一念嗔心起，百万障门开"，咱还是多些善念，那么，必将有一条光的通道，引你走出深渊。比如说，呼吸一口新鲜的空气，欣赏一个漂亮的黄昏，你的念想，也会染上一丝甜的。

从现在起,我真心希望你能尽量转移你的专注点,不要死死抱住往日的痛苦不放,多想想清风、阳光、星辰、流水、鸟鸣、花开的事情,让自己快乐起来,这是第一步。第二步,争取自食其力。这个太重要了,人若不能自食其力,就很难做自己的主。你不小了,24岁了,该出门找一份工作了。哪怕就是从最底层的服务员做起,——我这仅仅是举个例子啊,不是瞧不起你的意思。有些服务员很牛的,做着做着,成了部门经理。做着做着,成了老板。做着做着,成了连锁店的董事长。这样的例子在我们身边是有的,只要用心做事,行行出状元。

你可能要问,"我"为什么不能靠写作养活自己啊?这个问题怎么说呢,写作不是机器造物,能很快产出,很快变现。它是一个缓慢的过程,要慢慢磨炼,日积月累。当你的作品写出来了,还要得到读者的认可才行。到它走向市场,兑现成你的报酬,这个过程也挺长的。有的时候,你写出来了,走向市场了,得到的报酬未必就能养活你。总之呢,真正靠写作生存的人,很少很少。所以,咱还是先不要把写作当成职业,只当兴趣爱好吧,一边工作,一边写作,这样,会活得更现实一些。等有一天,时机成熟了,你写得非常非常畅销了,这个时候,你完全可以把工作扔了,一门心思去写作了。

好姑娘,谁也不能成为你的救世主,只有你自己才是。原生家庭的伤害、老师的伤害、同学的伤害,还有你自己对自己的伤害,统统都打包了吧,把它们封存起来,再不要轻易启开。

你要有重新做人的决绝和勇气。记住：死亡不能证明什么，只有好好活着，才是最好的证明。当你能够独立，当你能够靠自己勤劳的双手和智慧养活自己，当你活得清清楚楚明明白白，你就给了往日所受的屈辱和痛苦一记响亮的耳光了。

我不要你来世报答我，只愿你今世活好。你今世活好，就是对我最好的报答。

你的笔名很好的。南北朝有一首乐府诗《西洲曲》，里面曾唱到它：

采莲南塘秋，莲花过人头。低头弄莲子，莲子清如水。

这里的莲子，很清澈，很纯美。

梅子老师

NO. 3

亲爱的梅子老师：

您好。

不管您承认不承认，您就是我的救世主，您让我有脱胎换骨之感。感谢您！

您的信，每一个字，每一句话，每一个段落，我都反反复复地朗读。然后，一字一字，认真抄写下来。生活从来没有赐给我静美，可是您，让我获得从未有过的静美。我做了个梦，梦到您来了，您微笑着向我走来，唤我好姑娘，然后对我张开双臂。我像渴望娘亲的孩子，一下子扑进您的怀中。您的怀抱真温软暖和啊，我都不想从您的怀抱中出来了。我问您，您是来看我的吗？您笑着回答，当然啊。您的笑容好美啊，和我想象的一样。我太快乐了，恨不得要飞起来，这一快乐，我就醒了。

我曾被当作灾星，所有人都把我排斥在他们的生活圈子之外，以至于一段时期，我以为自己就是个灾星。我手上长着一块胎记，我恨那块胎记，觉得一切的不幸，皆由它造成。我一气之下，拿小刀把它生生剜了。那是发生在我13岁时的事。我的父母目睹我的行为，当场吓晕了，从此更认定我是个神经病。

梅子老师，我告诉您这些，是因为它压在我心底，常让我喘不过气来。每次看到手上留下的疤痕，我都委屈得要死仇恨得要死，恨不得跟这个世界去拼命。现在说出来给您听了，我像搬去心中一块大石头。你一声一声唤我好姑娘，让我的心，像夕阳融化了的糖果一样，一滴一滴都是蜜甜的糖浆。我的世界，从未有人懂过，他们都认为我不正常，而在我的眼里，他们才是不正常的一群人。这多可笑啊。现在好了，有亲爱的梅子老师懂我了，我不惧怕这个世界了，我也有了甜。

我听您的话，去看夕阳了。我家附近也有河，我是跑到那里去等夕阳的。我张开我的十指，它们都被夕阳的光芒染得粉红粉嫩的，像婴儿的手指。那一刻，我觉得我重生了。我在心里念着梅子老师您的名字，我对着遥远山上的佛祖起誓，梅子老师就是我的再生父母，我一定要为她，好好活着。

我知道我的写作还在起步阶段，靠这个养活我是不可能的，但我除了写作，真的不会做别的事了。我不会跟人沟通，一跟人沟通就紧张，就畏畏缩缩。我也害怕别人再把我当怪物，因为我还是不吃大米，只吃面食。我跟父母说，要去饭店当服务员。父母眼神里飘过鄙夷，他们说，就你？人家饭店的餐具怕是不够你打碎的吧？他们要我老老实实待在家里，等着嫁人。

我根本不指望我的父母会拯救我，他们不再埋汰我就阿弥陀佛了。我只想问问亲爱的梅子老师，您能给我拿拿主意吗，我到底做什么工作好呢？到饭店去做服务员，或到宾馆做服务员，都要不停跟人打交道，我有些害怕。

《西洲曲》我好喜欢，谢谢梅子老师送我《西洲曲》。从此，我就叫莲子了。

莲子

莲子，你好。

已是九月。我们这里，栾树开花了，像是突然间，谁帮它们在树上插了无数的金幡，辉煌极了。紫薇花散发着余热，保持一身艳装，争分夺秒地载歌载舞着。蝉还盘踞在一些高树上剧烈地叫着，它们每叫一声，树就抖一下。世界从来没有静止的时候，都是静中有动的。而因着这样的"动"，才有了日月的更替，人类的承前启后。

你也要动起来才好,"闲则生非",当人的行动少了,极容易陷入"胡思乱想"中。又,只有动起来,人才有活力。你曾进过艺术学校,应该还有些舞蹈功底,没事时跟着音乐跳跳舞吧,对你的身心健康皆有好处。

看你过往的经历,我毫不掩饰我的吃惊,用刀剜去胎记,这是多疯狂的举止!我替你疼得慌。请你对13岁的那个你说声对不起,因为,你深深伤害了她。

我想起小时候村子里的一个人。他放养着三条大黄牛,我们小孩都喊他牛叔叔。他的脸上,卧着一枚弯月形的紫红的胎斑。我们觉得他奇怪,每每看到他,总盯着他脸上的胎斑看。他起初没在意,好心地要抱我们坐到牛背上去,我们笑着四散逃开。他终于知道,我们原来是好奇他脸上的胎斑。有一天,他捉住好奇的我们,指着脸上的胎斑问我们,没见过吧?我们齐齐点头。他乐了,神神秘秘地告诉我们,我可是从天上来的神仙哦,这是玉皇大帝给我标上的记号,这样的记号,只有神仙才配拥有。我们将信将疑,再看他脸上的那块胎斑,就觉得神圣极了,我们转而对他崇敬得不得了。这个叔叔后来娶了妻,生了一双儿女,一生幸福美满。

好姑娘,我们身体拥有的一切,皆是我们降生到这个世上的标配,是独一无二的。所以,再不要做出伤害身体的举动,一丝一毫都不要。你要学会控制自己的情绪,学会与这个世界和睦共处。当你微笑着看着夕阳,你有没有发现,夕阳也正微笑地看着你?它把你张开的手指,染得粉红粉嫩。你不知道的是，你整个的人，也被它染得粉红粉嫩的啊。请带着一颗美好的心，试着对遇到的每个人微笑，也许有的人会漠然视之，有的人会觉得讶异，但总会有人还你一个微笑。哪怕只收获到来自一个人的微笑，你走的那段路，也没有白走。

微笑是这个世上最好的通行证。它能穿透最暗的黑，它能融化坚冰，打败冷漠和坚硬。它让人看到善意，感受到春风般的温暖。当你学会微笑之后，你会发现，人与人的交往并不难。

如果你还有顾虑，那就先不要忙着去找工作，给自己一个月的时间，去体验一下真正的生活。到菜市场去。到超市去。到大商场去。到车站去。到医院去。到工地上去……你会见到各式各样的人，他们都是这个社会中的小人物，普通、平凡、朴实、辛苦、鲜活，他们守着自己的位置，努力把自己的人生，揉进一日三餐里。他们的存在，是这个世界最生动的一部分。这就是生活，而他们，都是创造生活的无名英雄。

好姑娘，希望你也能成为这些无名英雄中的一个，有苦有乐，平凡安详。这样活着，挺好的。

梅子老师

NO.4

亲爱的梅子老师：

您好。

好想叫您一声娘亲。在我心里，已把您当成是我的母亲了。您对我说的话，是一个做母亲的才会对女儿说的知心话啊。可我又有自知之明，像我这样的废物，哪里配做您的女儿呢。那我就祈求上苍保佑，下辈子，我一定一定要做您的女儿。

我从小因为不合群，因为沉默寡言，因为没有数字概念，被人当作智障。我心里一千声一万声地呼喊：不，不，我不是智障。却没有人听得见。后来，我就用行动反抗，做出些他们认为不合常理的事。他们那么多人，我却单枪匹马，孤军奋战，最终被伤得体无完肤。我就这样被弱智了，被"精神失常"了。我活了24年，没有一天不活在痛苦里。幸好遇到您了，您用您的温暖、温柔和宽容，接纳了我！我愿意打包过去的一切，选择重新开始。我向您保证，从今往后，我再也不会做出像剜去胎记那样激烈的事了。我会接受我身上的所有。正如您所说，我们身体拥有的一切，皆是我们降生到这个世上的标配，是独一无二的。

我记得在您的一篇文章里看到过，您特别喜欢吃点心。我突然有了一个愿望，我要开一家糕饼店，糕饼店的名字我都想好了，就叫莲子梅心。莲子很苦，可梅心很甜。那是来自您的温柔。我还要学做蛋糕、面包,学做很多西点,到时请您吃。

您说的要动起来,我就动起来。我下载了一套新疆舞在学着跳。在跳舞的过程中,我真的什么也不想了,只想那些旋律,那些动作,我突然爱上我的身体了,我的身体还是轻盈的。

我也试着对遇到的人微笑。今天早晨出门,我对我们小区清扫垃圾的一个阿姨微笑了,她立即还我微笑,并且还主动跟我说话,姑娘,上班去啊?当时,我的心情好极了。

路上我遇到一只猫,黄白花的,很漂亮很漂亮。我跟它说,等我啊,姐姐去买根香肠给你吃。我进超市,买了一根香肠。那只小猫居然真的守在那里等我。梅子老师,我突然爱上生活了。

我还采了一把野花,是在河边采的。有白色的,有紫色的,有黄色的,我也不知道它们的名字。我知道梅子老师是非常爱花的人,您说的栾树花,您说的紫薇花,我也想去看一看。采花时,我想到您会很喜欢它们,我就很开心地采啊采啊。捧着一捧野花走回去时,我觉得我像是捧着一个原野了。我重生了!

您说,凡尘生活,有苦有乐。我是真的懂了,我会努力生活的。读书,写作,锻炼身体,开一家小小的糕饼店,我以后的生活,将会是这样的。

我还有很感谢您的事,你肯定不知道,自跟您通信以来,您基本了解我的状况了,却从不曾轻视我一点点,也没有把我当"病人"看待,要我去医院。我没有告诉您的是,我曾被送进精神病院过,他们把我关在一个小屋子里,在我20岁的时候。当时我真的绝望了,我用头撞墙,我的头上现在还留有疤痕。是我曾经的一个语文老师得知我的消息，把我解救出来的。我也很感谢那个语文老师，当年教我时，她十分看好我的文学素养，引领我读了不少书，您的书就是她推荐给我读的。

这么些年，我也一直断断续续吃着药，但效果并不好，反而导致我嗜睡、盗汗、多梦。自从跟您通信后，我就慢慢停了药，一个人的心病，只能靠温暖的牵引，加上自我认知，才能慢慢治愈。我很幸运遇到了您，我很感谢您小心维护了我的自尊。

莲子

莲子，你好。

叫我娘亲也好啊，我这是白捡了一个大姑娘了。只是生你的母亲不管怎么说，都有生育你的恩情在，十月怀胎是件不容易的事，能原谅的，尽量原谅吧。

你能正视过去的痛苦，并决定放下它，这让我很为你高兴。只有放下过去，你才有机会重新开始。今早读书时看到一句话："一个失落的灵魂能很快杀死你，远比细菌快得多。"很有感慨，我把它送给你。无论如何，我们都不要让灵魂沉落，不要毁掉灵魂的芳香。

你可以做的事，原来这么多。对人微笑，是可以做到的；喂一只流浪的小猫，是可以做到的；采一束野花送给自己，是可以做到的；学跳一段新疆舞，是可以做到的……那么，就做你可以做到的事，保持一定的热情、善意和随和，你就能收获到人生的充实。

　　在你行走的路上，也曾遇到过热心人，像你的语文老师。记住照亮你的那些光，哪怕是一点点，把它们积攒起来，那是对抗黑暗最好的武器。你也可以制造光亮，在你对别人微笑时，你是发着光的；在你喂流浪小猫吃食时，你是发着光的；在你以欣赏的眼光，看着一些野花时，你是发着光的；在你舒展开你的四肢，像只孔雀般地翩翩起舞，你是发着光的……这个时候，你就是一幅画，就是一个景致，就是一个美好。

　　你说的想开家糕饼店的想法很不错哟，我曾经也想过要开一家糕饼店呢。我闲暇的时候，很喜欢做些小点心，有时自己瞎琢磨，做出不少形状的，拿精致的碗碟装了，实在是赏心又悦目。它跟艺术跟文学联系紧密，你完全可以把它当文学当艺术来对待，一边做，一边拍摄，一边用文字记录，说不定能搞出本"莲子的美味糕点大全"来。你用美味糕点慰风尘，那是再美不过的事了。

　　糕饼店的名字如果改成"莲子清如水"，是不是更好？诗意无限呢，很能勾起人进去拜访一下的欲望。当然，我这只是提议。你如果还是想叫成"莲子梅心"，也好的。

　　我很期待你开启你的新生活。祝福你好姑娘，祝福你拥有一个美好的未来！

梅子老师

NO. 5

亲爱的梅子老师：

您好。

我很想把您的信比喻成花，比喻成甘霖，比喻成太阳，比喻成河流……我词穷了，我不知道怎么来形容它的好了，它对我的意义是超过世上所有的良药，我说我靠它重生，一点也不为过。"我们都不要让灵魂沉落，不要毁掉灵魂的芳香"，您不知道您这话对我有多大的震动，我只觉得七窍皆通，我的灵魂被唤醒了。我在心里唤了您无数声娘亲，我会永远记住您说的这话，永远的。

您帮我明确了我想做的事，坚定了我开糕饼店的信念，我太高兴了，我真的太高兴了。"用美味糕点慰风尘"，一想到我在不久的将来可以这样生活，我觉得就跟做梦似的。之前的种种，都是为了换取这样的生活吧。

我跟父母说了我的想法，他们有点意外。我突然恢复正常，第一次用很正常的口吻说出我的想法，条理清晰，让他们很意外吧。他们虽然有些不情愿，但还是表示，会花钱送我去学西点，会花钱帮我物色一间小铺子。梅子老师，我是真的放下了仇恨，想想这么多年，也是他们供我吃，供我穿，他们没让我好过，我也没让他们好过，两下扯平了吧。我以后赚了钱，会弥补他们一些的。

我最终，选报了上海一家西点培训学校的课，培训时间是10天。这个周末，我就要去上海了。选择上海是因为上海离梅子老师近，觉得梅子老师就在我旁边。还有因为，您曾推荐过一本书《上海的金枝玉叶》，我也看了，上海的优雅，是我向往的。这是我第二次出远门，第一次是我被送去艺校。这第二次是我主动出门，我像学飞的鸟一样，开始独自去飞行。我有些紧张。但我有护身符，那是梅子老师您写给我的信（我都抄写下来了），您说我也可以制造光，发出光。是啊，我带着光呢，我还怕什么，我无所畏惧了。

我去理发店换了个发型，原来头发有些长，我这次换成碎发了，刘海是斜的。帮我设计发型的小伙子还加了我的微信，他夸我的发质好，头型漂亮，怎么设计都漂亮。梅子老师您知道吗，我这是第一次亲耳听到有男孩子夸我漂亮。我也曾偷偷喜欢过一个男生，我把他当贾宝玉，我在他的书包上画了一颗心，结果他恼羞成怒地把书包扔进垃圾桶了，骂了句，神经病。我呀，后来还为此痛不欲生来着。不提了，我前段人生都像在演戏剧，没有一点真实感。

我也开始像您一样，每天写日记了。以前我也断断续续写过一段日子，没坚持下来。现在，每天晚上打开日记本，我的心情特别欢喜，好像很珍重地要去赴一个人的约，这个人叫梅子老师。

梅子老师，我以后可能不会时时写信给您了，我知道已打搅您很多了，很过意不去。我会天天写日记，就像在跟您说话一样。将来有一天，我会把我的日记本，统统捧到您跟前，告诉您，我没有辜负您的希望的。

莲子清如水，这名字真好。谢谢您赐我的小铺子这样的名字。我的小铺子也物色到了，在老街上，小小一间，原先是开花店的，年租金要3万。简单装修一下，装潢师傅说，要10多万。加上买做糕点设备和原料的钱，父母说，最起码要用掉他们30万。我写了30万元的欠条给他们，等我赚到钱，会还给他们的。到了西点培训学校，我一定认真学习，等我做出精美的糕点，我第一个寄给您品尝。

祝我亲爱的梅子老师身体健康，平安喜乐！

莲子

莲子，你好。

先跟你说说我今日的快乐事吧。十月的天，我居然碰见最后的麦冬花。麦冬的花是穗状花序，一枝上，缀着几十朵的小花。浅粉淡紫，色泽特别温柔。又它模样小巧别致，一朵小花只有一颗米粒大，你若不仔细打量，绝对领略不到它的美妙。我带了一枝回，拿放大镜细细观赏，从一朵小花，移到另一朵小花上。每一朵小花，都像一个小宇宙，花托、花瓣、花柱、花丝、花药，一个都不少，像朵微型的梅花。然后，我意外地看到奇迹了，一只绿透了的小虫子（肉眼根本看不到），寄居在一朵花蕊里。我赶紧换掉放大镜，改用相机对焦，拉近焦距，这只小虫子就被成百倍成千倍地放大。哇，它可真漂亮，绿脑袋，绿身子，绿腿脚，像用上好的翡翠雕出来的。这小家伙大概不知道我在审视它，它一刻不停地踢腾着它的几条绿腿——有点类似于蜻蜓的腿，姿势优美，像在跳着踢踏舞。它一定喜欢极了它的花房子。我盯着它看了好久好久，生命的天真和欢欣，叫我感动不已。我后来把花连同它送到野外去了，让它回到它的自然里。好姑娘你看，最微小的小草虫也有它的快乐啊。

你现在到上海了吧？上海很值得逛逛的，可圈可点的地方太多。我最喜欢傍晚去黄浦江边吹吹江风，听听钟声，看大轮船呜呜驶过。那会儿，我的心是宁静的，感觉岁月极美，一切都闪着蜂蜜色的光芒。

你换了新发型，这是很赞的一件事。换个新发型，能换来好心情。存命之喜，当日日况味。你也可学着化化妆，浓妆不要，淡淡妆会给女孩子增添几分淡雅气质的。你这个年纪，正是青春大放光彩的年纪，一定要让自己美美的，不要浪费掉好年华。当你变得光彩照人了，会有更多的男孩子赞美你的，也会有心仪你的追求你的，到时只怕你应付不过来呢。人生多艰，我们更要为热爱生活而活。一个热爱生活的人，没理由不被他人热爱。

你开始写日记了？这是件特别好特别好的事情。我们再牢固的记忆，随着时间推移，也会慢慢模糊、淡忘，但文字不会。当你记下你每天遇见的事，记下你每天的心情，你等于把你的每一个日子，根植在文字里了。它会帮你记住你曾走过的那些路，它会向你证明，你所有的日子，都没有白白度过。希望你能坚持下去，以终生为期。

  我们的交流方式可以有多种，不一定非得靠写信。当你想写信的时候，你就写吧。你也可以发短信给我，也可以发微信给我，也可以在我公众号后台留言。总之，当你需要倾吐心声的时候，我在。你不是孤单的。

  开间小铺子前期投资还是蛮多的，所以你要给自己信心，一定要把它经营好。把握好机会，在培训学校努力学好基本功。等掌握了基本功之后，你要研究和开拓自己的产品，比方说，你可以根据二十四节气，推出对应的糕点。建议你看看故宫推出的文创产品；比方说，针对不同年龄的人，推出不同色泽、口味和花样的糕点。建议你看看媒体上的一些美食栏目。也可以找这方面的书看。针对孩子的糕点，可倾向于童趣些的，色泽明艳花样可爱些的。针对老年人的，可倾向于少糖少盐的；在糕点的包装上也要费点心思，弄些创意画，对应一些古诗词，顾客购买你的糕点，既能满足口腹之欢，也能带来精神享受。你也可尝试写些诗意的文案，这会为你的糕点加分的。有一款叫"江小白"的酒的文案，很棒，酒算不得出色，可人家文案出色啊，好多人买他们的酒，完全是冲着文案去的。生活就是美学，糕点也是美学，把美融合进去，把你喜欢的文学带进去，要让你的糕点，只属于"莲子清如水"的，独此一家，别无分店。

  莲子，我等着品尝你亲手做的糕点。我信，那一定很特别。

梅子老师

此时月，心中事

梅子老师：

您好。

很冒昧给您私信。我是一名小城市的中学生，叫昙昙。我也是您的小读者之一，很喜欢您和您的书。我最近遇到了烦恼，想请您帮帮我。

我天性有些自卑，总觉得自己不够好。平时与人交往都是很被动的。老师在课堂上提问，大家都踊跃发言，只有我是沉默的。我的成绩不算好也不算坏，一般般吧。也没有谁看得起我，我也没有知心朋友，很羡慕那些可以呼朋唤友的同学，他们一领一大群，笑起来好大声，呼啦呼啦的。

这些事比起我爸我妈闹离婚来说，都是小事一桩。我爸我妈总是闹离婚，我也不懂他们当初为什么要结婚。我妈这个人很小气，我爸脾气很暴躁，他们也不止闹过一次两次离婚了，常常吵得天翻地覆的。我每次私下里都希望他们能离掉，这样就可以安静些。可是又觉得这样想很不对。梅子老师，您觉得呢？

他们吵闹在我面前从来不避讳，这对我心理伤害很大。我常常痛哭，半夜也睡不着，头发大把大把地掉。我也不敢告诉任何人，怕他们嘲笑我。我就想给您说说，因为我知道，您肯定不会笑话我。

我是家里的独生女,我不希望爸爸妈妈离婚。因为那样,我就更抬不起头来了。我家境其实蛮好,有大房子,有大车子,爸妈都是农村人,是靠他们自己奋斗出来的。可住在再好的房子里,没有和睦的家庭,又有什么用?我羡慕那些爸妈恩爱的同学,我觉得其他都不重要,一家人在一起最好。

我现在变得更加沉默寡言了。我不知道怎么办才好。梅子老师,您能帮帮我吗?帮我出个主意好吗?谢谢您!

您的小读者:昙昙

昙昙宝贝,你好。

读你的信时,已是晚上十点多了。今儿刚好是十五,月圆之夜。一轮明月又大又皎洁,悬在我的窗外。我不由得想起李白的惆怅:"今人不见古时月,今月曾经照古人。古人今人若流水,共看明月皆如此。"此时月,心中事,恰如流水,无声无息东去,一波复一波。

你呢,还在难过吗?实在难受了,你不妨哭上一小会儿。哭不丢人,累积的情绪总需要一个发泄口。但不要总是痛哭,哭得半夜睡不着更是不可取。你纵使哭出个汪洋大海来,家还是那个家,你还是你,你爸妈也还是你爸妈,他们还是要离婚。哭,解决不了任何问题,反倒会把自己弄伤了——人陷在悲伤的情绪里时间越长,很容易引起身体功能紊乱,如心跳不规律啦、胃口变差啦、吃不好、睡不好、精力不济等等。你说你亏不亏？

好了，咱把眼泪擦干，不哭了，好好找找解决的办法。

你爸妈不会一直都在吵闹中吧，他们总会有心平气和的时候。好，你瞅准机会，在他们情绪都很放松的时候，和他们好好谈谈你的真实感受，说出你的心里话，试着做他们的调解员。妈妈小气，爸爸脾气暴躁，这当然是缺点。那妈妈有没有大方的时候，爸爸有没有温柔的时候呢？让妈妈多想想爸爸的温柔，让爸爸多想想妈妈的大方。倘若有些话你不好当面说出口，可以分别给他们写信，就像给我写信一样。

这样行动起来的结果有二：

一、你爸妈如梦初醒了。他们后悔了。他们和好如初了。

二、你爸妈根本不听你的，他们控制不了自己的情绪，依然故我，还是吵着要离婚。

如果是前一种结果，那是天大的好事，我要祝福你和你爸妈。如果是后一种结果，你也不必过分难过，成人的世界太复杂，随他们去吧。在他们再发生争吵时，你远远避开去，选择不理、不听、不搁在心上。他们的事，他们自己解决好了，你管好你自己就行。

夫妻之间相处久了，难免会磕磕绊绊吵吵闹闹，你不要过于当真。即便他们真的感情疏离，无法再在一起生活了，最后选择离婚，你也要尊重他们的选择。婚姻是两个成年人的事情，他们若觉得没法维系了，那就是真的无法从中获得幸福了。硬把他们因你而捆绑在一起，也是一种残忍。不要觉得抬不起头来，那不是你的错。你的"放手"，对他们是一种成全。

　　宝贝，抛开这事儿吧，先睡上一个好觉。也许明天早晨一觉醒来，事情都变好了呢。没变好也没关系，只要天空还在，大地还在，美好的事物就会生长出来。咱梳梳洗洗，对着镜子里的自己说一声，我是最棒的！然后，高高兴兴上学去。这个世上，没有第二个你了，你就是这样一个你，一个独一无二的你。自信来自对自己的欣赏和赞美，希望你能学会。看看门外的春天，这惠风和畅的，叫人多么愿意永远地活下去啊。

梅子老师

亲人是用来爱的

梅子老师：

你好。

你喜欢喊孩子们宝贝。你给很多宝贝都回过信。我是高二的一个学生，不知还能不能有幸被你称作宝贝。

我有件烦恼事不好说与他人听，想说与你听。是我与我的父母之间的事。我们一直有着隔阂，常常说不到一块去，为一件小事也能吵起来。他们口口声声说爱我，可那是真的爱我吗？我喜欢吃什么，我对什么东西过敏，什么东西会导致我头晕，我害怕什么，我为什么事难过，他们统统不知道。他们只负责供我吃，供我穿，要我好好上学，考个好成绩给他们。除此之外，他们从未曾真正走近过我，了解过我。请问梅子老师，他们这是真爱吗？

我喜欢写作。我知道我写得不算好，但我在努力啊。梅子老师你也说过，只要自己喜欢的事情，无论结果如何，坚持下去，便有了意义。可我的父母却总是打击我，说我写的是垃圾，纯属浪费时间。我真想离他们远远的，远得他们再也看不到我。

这些话憋在心里好久了，今天说出来，心里好受多了。谢谢梅子老师肯听我说。

祝梅子老师天天快乐。

学生：尔雅

尔雅宝贝，你好。

谢谢你对我的信任。

人的情感有的细腻，有的粗糙，有的不拘小节，有的面面俱到。你的父母可能属于粗线条的那种人，他们大大咧咧，没有照顾到你内心的情绪，没有留心过你的喜好，但你因此就怀疑他们不爱你，或爱得不真实，未免过于偏激了。

我想问问宝贝，你对父母又了解多少？你知道他们的喜好吗？你知道他们喜欢吃什么害怕什么吗？你知道他们的不顺和烦恼吗？你知道他们眼角的鱼尾纹又长出几条了吗？这些问题，恐怕你也很难全部答对吧。

天下少有不爱子女的父母。我想起我的母亲，小时我是顶不喜欢她的。她大字不识一个，脾气暴躁，常无缘无故对我们兄妹一通谩骂，甚至痛打。在我青春的成长期，她没有教我一点儿生理常识，亦没有关心过一丁点我的心理问题。那时我只当她是不爱我的，暗地里对她充满怨恨。直到我长大，才明白，她的爱，早已被现实粗粝的风，刮得七零八落。那时我家穷，一大家子九口人，全靠她在土里刨食养活。她走路都是带着风的，常见她一溜烟跑到地里去，晚上收工回来，带着一身泥。贫困和劳碌，把她整个地绑架了，她哪有闲工夫去温柔呢。然而，爱的碎片还是在岁月底处闪闪烁烁，磨灭不了。回忆里，总有这样的场景在：冬天的夜里，煤油灯下，她一针一线给我们缝衣做鞋，土墙上晃着她的身影，一会儿长，一会儿短。她每每都要做到下半夜，才肯眯上眼睛囫囵一会儿；我生病了，躺倒七天七夜，她衣不解带守了七天七夜。她去集体开夜工，集体吃夜宵，一人发四个脆饼，她一口没舍得吃，全带回来，分给我们兄妹四个了……世上有一种最深沉的爱叫母爱，它并不华丽，也不张扬，有时甚至是无声无息的，只那么静静地融入生活的点点滴滴里，成为滋养子女的血液。

尔雅，对父母多些理解吧。父母不是完人，自然也有他们的不足。不要用放大镜，成百倍成千倍地放大他们的不足，多想想他们对你的好。另外，有些事情你完全可以换一种方式来解决，而不是和他们针锋相对。亲人是用来爱的，不是用来伤害的。他们不知道你喜欢吃什么，不知道你对什么东西过敏，你就告诉他们呀。说一遍他们若记不住，你就说两遍。说两遍他们还记不住，你就强调三遍。你和他们的日子还长着呢，你多说几次，还怕他们记不住么？人与人之间发生的误解，多半源于缺乏交流。和父母之间，亦是如此。

你喜欢写作，就写下去吧，这是你的事。父母未必懂得这个，那就不必要求他们懂得，你自个儿做主就是。也许走着走着，你就走出一条属于你的写作之路。到时，你的父母该以你为傲的吧。

祝宝贝梦想成真。

梅子老师

天地不仁，以万物为刍狗

梅子老师：

你好。

我想耽搁你一点时间，听我诉说一下我的苦恼。可以吗？谢谢你。

我好像活不下去了。我真的好恨这个世界，它对我好不公平。

我好恨我爸妈，恨他们没有给我安全感；恨他们总是那么在意成绩，不知道是为了我还是为了他们的虚荣心；恨他们总是不分青红皂白地骂我；恨他们总是不分场合地打击我，让我很自卑，成了讨好型人格……可我又好爱他们，我想离开这个世界，他们好像又是我的牵挂。

谁说父母的爱一定是伟大的？孩子对父母的爱也很伟大。我不喜欢和他们交流，太痛苦了，他们只会以为我不想上学，哪怕我的抑郁诊断书放了他们的面前。我已经休学过一年了，一年里我好转过，可每次都会被打回去，而且比以前更严重。我真的好想拥有一个未来，但我也不知道怎么回事，一回到学校我就总是会生病，发烧、感冒、腿疼、头疼、牙疼。发烧会发高烧，现在我39度多，可我的父母不知道。早上我和他们说不舒服，要请假去医院，他们竟然说："怎么又请假，这上的是什么学呀！钱交了那么多。"他们这句话让我感到好委屈，我不想去看医生了，不想去挂水了，我挂够了，就这样吧，烧着挺好，最好再高点，直接昏迷。

我只想好好活下去，怎么这么难？我为什么会这么敏感这么多疑。我也不知道为什么老是会生病，该查的都查了，什么事也没有。

我真的好累。

小宋

小宋宝贝，你好。

一进三月，春天的迹象，就突显出来，风一寸一寸暖起来，河边的柳一寸一寸绿起来，宇宙在微笑，阳光布德泽。

我去我书房楼顶的露台上，打理我的小花园，一个冬天我都没有上去过。去之前我是抱着收拾一地残骸的心理——刚刚过去的冬天太寒冷了，怕是不少的花都难挺过来。我想着得重新规划一下，再栽种些什么进去。

然叫我意外的是，我的花们，竟熬过来了。牡丹和玫瑰裸露的枝条上，爆出好些粒可爱的小芽苞，褐红的，粉嫩的。凌霄僵硬的躯体上，也活泛起来，春风再抚上几抚，它们便也要怀了春动了情。蔷薇已顶着满头满身的新叶子。绣球花的枯枝上，也缀着不少青嫩的叶芽儿。郁金香最动人，又冒出好几丛肥肥的阔叶子。还是好几年前的事，朋友送我一盆郁金香，花开过后，我在花园里随便挖了个坑，把它连根带茎地埋进土里。

也不去管它，任它风吹雨打的，谁知一到春天，它竟刷啦啦长出一丛新绿来。然后，抽出花茎，很认真地开出花来给我看。年年如是。

宝贝你看，只要熬过冬天，定有一个漂亮的鲜妍的春天在等着。你现在被抑郁挟持着，被敏感多疑折磨着，你就好比处在冬天，身受霜雪相欺。可越是这样，心里越要揣着热乎乎的梦想：一定一定要走进春天里，一定一定要开出自己的花。

你的发烧、感冒、腿疼、头疼、牙疼等等的症状，多半是由抑郁引起的。要治好身体上的这些病，得先从你心理上的病治起。霜降下来，雪落下来，有时是没奈何的，你要认清并接受这个事实。从现在起，咱且放宽心态，霜要下就下吧，雪要落就落吧。咱绝不向它们妥协，反倒要狠狠拥抱自己，狠狠爱自己，用乐观，用坚强，用信念。向一棵掩埋在冰天雪地里的小草学习吧，它的小心脏里，是藏着春天的梦的。当你狠狠爱了自己，你会发现，原来你的左手也可以给右手温暖，你的眼睛也可以给心灵点灯。宝贝，熬一熬，等一等，争一争，冬天也就过去了。

不要去恨。这世界是最公正不过的了，无论对你，还是对我，还是对万物，它所持的态度，都是一样的。天地不仁，以万物为刍狗。你要活出一个怎样的你，我要活出一个怎样的我，不取决于这个世界的态度，而取决于你我自己的决定。从前你小，也许什么事都要听爸妈的，你挺在意他们对你的评价，你努力想成为他们想要的样子。可现在你大了，有自己独立的思想和判断是非的能力了，哪些该在意，哪些不该在意，你自己心里有数了，那就按你自己想要的样子去生活。不要再让外在的言行（哪怕是来自爸妈的也不行）毁灭你，你不用讨好任何人，你只为你而活。

我也建议你跟爸妈好好交流一下，把你的真实想法和真实情形统统说给他们听。如果口头无法表达清楚，就通过书信的方式。你明确地告诉他们，他们有些不恰当的做法，正在一步一步摧毁你。他们事后会不会反省，由他们去。而你，从此该放下心里的负荷，静待春天。

因为有欣欣向荣的春天在，我们足可以原谅这世上所有的不快。你说呢？

宝贝，春天的花快开好了，找个时间去看看吧。

梅子老师

静待花开

梅子老师：

您好。

我是个大学生。

我是读着您的书长大的。您的书真的很温柔，在我为中考、高考而拼命的时候，它们给过我很多安慰。不管有多烦躁，只要捧上一本您的书读，马上就能安静下来。

我现在有件事想求教您，您认为大学生一定要谈恋爱吗？

我没有谈过恋爱，在大学里也没打算去谈。可我身边的女生，个个都有男朋友。她们笑话我是小白兔，对我说，谈恋爱要趁早，谈谈才会有经验。

可我却心存梦想，我希望我的初恋，是将来我想要和他结婚的人。我刚好，也是他的初恋，也是他想要结婚的人。我知道这不太可能，可我还是希望能梦想成真。

我妈也叫我在大学里一定要谈恋爱，说毕业出来，一混就年龄大了。她说他们单位有好几个姑娘，长得都不错，就是找不到对象，原因就是年龄大了。现在到处拜托人帮忙牵线搭桥，可条件不错的男孩子，早就在大学里被女孩子抢光了。

我很纠结，不知道怎么办才好。梅子老师，您有什么好的建议吗？

打扰您了,谢谢您。

您的读者:兔子精

亲爱的好姑娘,你好。

看到你的昵称我笑了,我想到月宫里的嫦娥和玉兔了。"嫦娥应悔偷灵药,碧海青天夜夜心",月宫再大再好,到底是冷清的。人间的茅屋再小再矮,只要有个深爱的人陪着,就如同天堂。长生不老,也抵不过有一人相伴呢。

恋爱你当然要谈,但未必一定要在大学里谈。在什么时候谈,在哪里谈,都是不确定的。因为,真正的恋爱不是为了谈而谈,而是遇见了,心动了,不由自主想谈了。

你一直没有谈过,那是你没有遇到合适的人。

不要纠结。缘分到了,那个人自然就出现了。也许就在明天,也许就在明年。没必要去为这个而忧愁而烦恼。

许多的花,喜欢跟春天谈恋爱,春天的小手一招,它们就花枝招展起来。可也有的花,它偏不,它非要等到让它心动的天气不可。今日黄昏散步时,我就遇到这样的几朵。那是掉光叶子的海棠树上的花,艳红艳红的,在一片萧索里,分外明亮。初见到,我以为是我眼花了。近前一看,可不就是海棠花么!要知道,这是隆冬时节啊。

你看,花也是有脾气的呢,投了它的缘,哪怕是万物萧条,朔风相逼,它也会打开心扉,捧出笑脸。

你呢，也许就是朵晚开的花吧。等到适当的时间，适当的地点，遇上适当的人，一切就都顺理成章了。当然，别人如果热心给你介绍，你也不要太拒绝，可以先见见面，聊聊天，觉得能相处呢，就相处一段时间看看。一见钟情的概率太小，有没有缘分，还得靠时间来回答。

初恋能成为自己未来结婚的那个人，当然是再好不过的事了。可人生有着太多不确定的因素，谁也无法预料未来。管这些做什么呢，你揣着一颗真心就行了。不在恋爱中伤害对方，也不自伤，那么，无论结局如何，都将留下一段美好。

好姑娘，趁着眼下还没有恋爱，多读些书吧，多参加一些社会实践活动，磨炼自己，提升自己，充实自己，让你的身上，充满光彩。到时候，自有良人带着光亮奔向你。有句老话说得好，你若是梧桐，自有凤凰来栖。祝福你！

梅子老师

心有追求，就无惧泥淖

梅子老师：

您好。

不知道您会不会听到我说的话。但我，还是想对您说说我的烦恼。

这些天，我的情绪一直处在烦乱中，身体内像安了个炸弹，随时都要被引爆。我真的好烦好烦啊。

我已经读高二了。成绩算不得好，但我是个认真的学生，我知道父母供我上学不容易（我的父母都是打工者），我想一心一意好好学习。可我所处的环境，却让我无法做到安心学习。我所在的学校好乱好乱，各种校园欺凌，各种摔摔打打，还有把老师气哭的等等，每天都要发生好多好多事。我的班级更是一团糟糕，在这个班上上课说话才是正常，不说话就不是正常人。

前几天，我实在忍不下去了，跟一个特别能说的同学心平气和地商量，让他别在课上说话了。他勃然大怒，认为我是针对他，当即给我甩脸色。我与他的梁子就此结下了，现在他想尽各种办法挤对我，我简直要疯了，上课老师讲的内容，我是一点也听不进去了。

我希望学校分班，好逃离这个班级。可到目前为止，学校还是没有分班。我的天，我该怎么办啊？

梅子老师，请您帮帮我。

您的读者：伤心的蘑菇

好孩子，你好。

你的话我听到了。我很欣慰，为你的懂事。你懂得体恤父母的不易，懂得对父母对自己最好的回报，就是认真和努力。我要为你鼓掌，在那样的环境里，你没有"同流合污"，而是清醒地知道自己该做什么，这是极为难得的。人生一趟，就是要活个明明白白。

你说的有关校园的各种乱象令我震惊，人们往往只看见表面的平静，平静下的暗流汹涌常被忽略。你身在其中，辛苦了！但你不是束手无策的。如果遇到校园欺凌行为，你可以举报，向老师，向学校领导，必要时，还可以选择报警。之所以有这些"坏孩子"存在，并且肆无忌惮，是因为没人管他们，少了约束，胆气越试越大罢了。

《中华人民共和国未成年人保护法》中，单列出不少条有关校园霸凌的，比如：

> 学校对学生欺凌行为应当立即制止，通知实施欺凌和被欺凌未成年学生的父母或者其他监护人参与欺凌行为的认定和处理。
>
> 对实施欺凌的未成年学生，学校应当根据欺凌行为的

性质和程度，依法加强管教。对严重的欺凌行为，学校不得隐瞒，应当及时向公安机关、教育行政部门报告，并配合相关部门依法处理。

好孩子，依法维权，是一个社会公民的正常行为。不单现在要如此，将来也要如此。这才能为我们，为他人，换来真正的岁月静好。

至于课堂上老有人讲话，是个别老师的课如此，还是每个老师的课都如此？我想，不至于每个老师的课都如此吧。个别老师性格柔软，压不住课堂，这种现象在别的学校也有。这个时候，你不要当面去跟那些调皮的同学较量，他们摆明了是不会听你的，甚至会怀恨在心，事后会报复你。正确的做法是，找能解决问题的人，比如，班主任。比如，年级组长。比如，校长。没有一个老师不想把学生教好，没有一个校长不想把学校办好，他们肯定会处理好这件事的。宝贝，你要记住一点，遇到超出自己能力范围的事，不管心里多么气愤，都不要冲动，不要试图拿鸡蛋跟石头碰，那样做不单解决不了问题，有时还会让自己陷入险境。要冷静下来，寻求更好的法子。

心有追求，就无惧泥淖。宝贝，不管环境多么糟糕，请让自己的心保持洁净。做一枝荷吧，亭亭于风中，闹中取静，污中取净。

今天我的窗外格外晴朗，十月的阳光，是金子做的呢。你的窗外呢，有阳光么？好孩子，这世上纵有再多的灰暗，最终，都要让位于阳光的。

　　祝你愉快！

梅子老师

给时间一些耐心

梅子老师：

您好。

最近我在学习和生活中都遇到了一些事，有可能我接下来所说的话您会觉得不太好，但我还是希望您能看完。

首先我想说的是有关情感方面的问题。我对我班上的一个男生有一点感觉，但我并不知道这是不是喜欢，所以我也就一直把这件事放在心里，因为在心里我认为如果说了，那我们有可能连朋友都做不成了。近期他在他的空间里发布了一些动态，我感觉他可能有情况，他喜欢上别人了。事实也证明了我的猜测是对的，我莫名有点不开心，有种东西被别人抢走的感觉。最近总看到小情侣一对一对的，心中不免有点小失落，不知道该如何是好。

第二件事是关于朋友之间相处的。我喜欢独处，喜欢一个人待着。最近我之前的一个舍友，约我以后和她一起吃饭，我在心里是拒绝的。但我觉得如果直接拒绝，可能会影响我们之间的关系，所以我也就暂时同意了。可是，她最近总在吃饭的时候讲一些她遇到的不好的事。我觉得她和我说的那些事都是可以避免的。她是个没有主见的人，她总是会因为他人的三两句话而改变自己的想法。起初我也是认真地听，并且花了几个小时的时间，认认真真说服她，最好不要去做她想做的某件事。我真心实意地给她讲优势劣势，给她分析得清清楚楚，但到最后，她还是被别人的三言两语给带跑了。我真的搞不清到底是因为她心里早已有了想法，还是就这么没有主见。其实我也不是有埋怨的意思，毕竟这是她自己的选择，我也不好说太多，但我真的是真心的。我觉得我这个朋友当得可以了。结果，她做了那件事后，又跟我抱怨，多么多么不好什么的，我真是无语了。我感觉她总是将她的负面情绪带给我。所以，我不想和她在一起吃饭，但又不知道该怎么说。希望您能帮我想想主意。

第三件事是关于学习方面的。最近事情总是很多，有时候会因为某些事而崩溃。再加上自开学以来不是一直封校吗，家里一个亲人走了，而我没有见他最后一面，很遗憾。学习上也不是很如意，感觉自己有点自大，不太稳定，又不敢和家里人说，再加上家里人忙更不敢说，所以也就一直把事情放心里。

也许我这次给您带来困扰了，先在这里跟您说声抱歉。同时，也感谢您接下来的解答。希望收到您的来信，谢谢。

您的读者：文文

文文，你好。

收到你的信都过去一个月了。你的这些困惑，还在困惑着你吗？

有的时候，对生活中出现的一些小事，我们并不是急需一个答案。那些答案解决不了问题，我们要的是，时间。你只要给时间一些耐心，好多当初的结，慢慢也就解了。新的小事不断涌现，早淹没掉曾经的那些小事，使它们变得无足轻重。

你对一个男生有感觉，你不知道是不是喜欢他。当你这么说出的时候，已经说明，你很喜欢他了。否则，你怎么会介意他喜欢上别人？你又怎么会有失落感呢？承认喜欢，把它放心里吧，这是青春路上必遇到的事情。只是一个月过去了，你还喜欢吗？或许感情已淡了，因为，你接受了现实——他不喜欢你。或许，你还在喜欢他。但你也接受了现实，只默默喜欢着，偶尔想一想，这结果也不错啊。总之，在你求学这段时期，感情的事，交给时间去解决好了。

和朋友的相处，不是迁就，而是相互尊重相互扶持才能长久。古语云，近朱者赤，近墨者黑。当明知对方身上全是负面情绪，当明知对方会影响你的心情，还要假装在一起，还要顾虑重重开不了口说分开，你不也是个没有主见的人吗？喜欢一个人待着，那就一个人待着，不要让别人来破坏自己的好心情。这是爱自己，也是对自己负责的正确做法。现在，你和你的那个"朋友"还在一起吃饭吗？当然，如果人家只是偶尔寻求你的帮助，只是偶尔诉说心中的烦恼，你还是要耐心倾听的。我们也难免有软弱的时候，需要找个人倾诉，让情绪得到释放。做一个倾听者，也是在做功德呢，你的倾听，对他人来说，有时就是安慰，就是救赎。

疫情之下，封校也只是暂时的。现在已解封了吧？你看，你以为解决不了的事情,时间都帮你解决了。所以宝贝,遇事不要轻言崩溃,在力所能及的范围内,你能解决的,尽量去解决。不能解决的,就交给老天吧。你只要珍惜身边的拥有,珍惜活着的当下,在学习上,稳稳地走,扎扎实实地学,也就没有什么好焦虑好抱怨的。你说呢?

祝今天的你,欢喜快乐。

梅子老师

努力使自己发光

梅子老师：

您好。

我是您的小读者啊。我也是一个悲惨的人。

说悲惨，是因为我的人缘特别差。我也不知道为什么会这么差，一次学校组织郊游，我也交了吃饭的钱的，可到吃饭时，却没有我的份。

还有一次，学校来了个专家搞讲座，在大礼堂。每个班选了10个代表去听。我也想去听啊，我的手举得那么高，老师硬是装作没看见。同学们也不选我。最后，我当然没去成。

我好不容易考上了别人眼中的重点中学二十二中，真的好不容易啊。可现在的成绩却很悲催，父母老师都不待见我。班里投票选队长，我很想被选上啊，可是，没有人选我。在我们班里，我没有一个朋友。以前我是那么盼望上初中，因为听人说，上了初中有多好多好，可我现在，却过得比小学还惨。

我也不知道怎么办才好了。

您的读者：小松鼠

可爱的小松鼠，你的碎碎念逗乐我了。

你的小脑袋里，到底装的都是什么事呢？我来替你理理啊，有郊游吃饭的事；有礼堂听讲座的事；有班上选队长的事；有交不到朋友的事。还有，成绩不好的事。

这些事构成你生活中的重大事件了。所以，你成了"悲惨"的人。你忽略了，你拥有的健康，拥有的年少，拥有的安定的生活，拥有的天空和大地。你知不知道，你能健康平安地活在这个世上，握着一把青春年少，坐在明亮的教室里，看四季在窗外流转，就是一个特别幸运的人啊。

郊游吃饭，你的同学因疏忽遗漏了你，那能是多大的事呢，你向同学们说明情况就好了呀。过集体生活，不比在家里，这里没有人宠你，没有人事事替你考虑周全，你得学会独立，学会自主，遇事要大气。一个斤斤计较的人，一点儿也不可爱。

礼堂听讲座，一个班只选了 10 个人。那么，还有不少同学和你一样，没能前去。他们是不是也很"悲惨"啊？自怨自怜有什么用？你要做的是反思，为什么选代表时老师和同学没选你？

班上选队长，你也没当选上，那也挺正常的啊。那么多同学和你一样，也没做队长。你同样要做的，还是反思，为什么你那么想当，结果却没当上？一个人身上若有光亮，就不愁别人看不到。宝贝，努力使自己发光吧：一要刻苦学习，争取把成绩提上去；二要不断修正自己，落落大方待人，遇事不回避，不抱怨，有主见。这样的你，会很受他人欢迎的。

交朋友的事儿，你要主动些，别总等着别人来敲门，你可

关系：与其改变别人，不如改变自己

以先把门打开啊，欢迎别人进来。与同学交流并不难，问问题目呀，借借书和文具呀，一来二去的，感情就深了。多跟同学分享一些有趣的事。前提是，你要多读书。一个腹有诗书的人，是自带芳香的。

  至于成绩不好，你有没有找找原因呢？是自己努力不够，还是学习方法不当？努力不够，咱就加把劲好了。方法不当，咱找成绩好的同学讨教讨教，或求助于老师。总之，出现问题除了抱怨外，你要学会寻找法子来解决它。

  宝贝，希望你能成为一只人见人爱的小松鼠。

梅子老师

两小无嫌猜

梅子老师：

　　您好。

　　我是您的读者，从小学三年级起，就读您的书，我爱上了您的文字。现在我是初一的一名新生啦，还是喜欢您的书。眼下，我有件烦恼的事，想向您倾诉，希望得到您的帮助。

　　我喜欢一个男生很久了。从幼儿园起，我和他就是同学。到小学了，我们还是同学。到初中了，又很幸运的，我们不单是同学，并且，还继续做着同桌（小学我们就是同桌）。我们的关系一直很好，能玩到一块。也许就是这样的不知不觉吧，我喜欢上了他，但他并不知道。

　　最近有些奇怪了，他有时会突然生我的气，不理我。当我和其他男生讲过多的话，他就表现出很不高兴。上周我们出去秋游，他不准其他男生坐在我旁边。我问他为什么，他又不理我了。可今天我生日，他却是第一个对我说出生日快乐的，还送了我件小礼物。我也弄不懂他的意思，不知道怎么跟他相处下去。

盈儿

盈儿，你好。

你们让我想到李白笔下那对相亲相爱的小儿郎了：

　　郎骑竹马来，绕床弄青梅。同居长干里，两小无嫌猜。

多么美好纯净的一对小儿郎。是初夏池塘里的小荷和蜻蜓，初相遇的时光里，风也轻柔，水也轻柔。

世上有亿亿万万人，能够擦肩而过的，能有多少？有幸萍水相逢的，已是天大的缘分。而你和他，能够一起长大，做了这么多年的同学，这是亿万分之一的荣幸啊。宝贝，请怀着十二分感恩的心情，珍惜这段缘分，珍惜你们在一起的每一天。

别担心，这个小男生也是喜欢你的。他的突然生气，他的不讲道理，都是因为他在乎你。他想你的世界里，只有他。

你呢，不要为这个烦恼就是了。只有信任一个人，喜欢的情感才能持久。今后不管他对你做出什么奇怪的举动，只要不是出于恶意，只要不触碰到你做人的原则和底线，你都以微笑待之。若有合适的机会（比如，他过生日），你也可送他一份特别的礼物。独一份的，别人不可能拥有的，让他明白他在你心目中的位置和分量。你要借此告诉他，你和他的友谊，终究跟和别人的不同，你和他的，根深蒂固着呢。

你还一如从前待他，一切顺其自然就好。果子尚在青涩的时候，梨子跟桃跟杏，滋味都差不多，都是又涩又苦的，难以咀嚼。你若抵不住馋，想要提前品尝，那换来的，只能是一嘴的苦涩。只有等它成熟了，你才能把它分辨出来，梨子清脆多汁，有股清新味；桃子色泽诱人，有股浓香味；杏子黄澄澄的，散发出酸甜味。你和他的友谊也许会结出梨子来，也许会结出桃子来，也许会结出杏子来。也许，什么也不是。总之，别急，等着吧，时间会给出答案。

现在，你们都要以学习为主。若能互相帮助，互相激励，取长补短，共同进步，那是再好也没有的了。

梅子老师

洞天就在另一边

梅子老师：

　　您好。

　　我是一名单翼天使，只有妈妈，我的爸爸在今年四月突然生病去世了。

　　我现在很苦恼，因为我知道，自己现在越来越不喜欢和别人交往，越来越喜欢沉浸在自己的世界里。妈妈很担心我，但是她也没有办法，爸爸在外面还欠了许多外债，她自己都应接不暇。我自己也没办法，我还是接受不了今后再没有爸爸的日子。而且现在家里的情况很窘迫，我知道班里一些人背地里都会嘲笑我，但是我不能反驳，因为他们说的都是真的。我很伤心，我想努力学习，可是静不下心来。我想像您演讲时讲的一样，可以沉浸在书的海洋里，但是家里实在没有多余的钱买书。我想借一下别人的书，可是我知道他们肯定不会借给我，因为在他们的眼中，我是一个不祥的人。所以我现在没有好朋友，也没有人可以倾诉。直到今天听了您的演讲，我觉得我可以把这些讲给您听。您可以给我一些启示吗？望回复。

单翼天使：楠楠敬上

楠楠小天使你好。

我们这儿，已连续下了好几天的雨，下得人心里好不烦闷。空气都是潮潮的，伸手轻轻一戳，似乎都能戳出个洞来。衣服被褥，也都是潮湿的、不清爽的，——这似乎是件很不美好的事。然倘使我们换个角度来看呢，下雨天自然也是有好处的。比方说，植物们饱吸一通雨水，变得更加葱茏茂密。鸟儿们的叫声听上去，也是含着雨的，别样地悦耳动听。我还看到一株小小的爬山虎，几场雨后，它的茎和叶，已攀满了人家的半面墙。

这样的天，还适合听雨。雨是自然界超强的音乐师，它会弹奏各种各样的乐器。打在屋檐上，打在晾衣架上，打在窗台上，打在楼下的桂花树上、栾树上、玉兰树上、橘子树上、腊梅树上、紫薇树上，发出的声响，又是各个的不同。或者，就撑着伞，去雨里走走，听雨打在伞上，又是另一番境地。或者，就坐到路边的某个小亭子里发会儿呆，听雨在亭子四周歌唱。

雨落在河里，那是水落在水里，更是奇妙。它们会画出一个一个的小圈圈，像水在笑，笑出的梨涡或深或浅。雨落在草地上，像手掌摩擦着头发，轻微的沙沙声，听得人的心发软。这时候，你会想起很多背过的有关雨的诗句，如"沾衣欲湿杏花雨，吹面不寒杨柳风"；如"小楼一夜听春雨，深巷明朝卖杏花"；如"天街小雨润如酥，草色遥看近却无"。哪一首，都在唇齿间芬芳。察古人心意，竟不觉有距离。

我为什么要跟你说这些呢，楠楠？我只是想告诉你，当我们面对窘境、困境和不幸时，不妨换个角度去看、去想，也许，洞天就在另一边。你失去爸爸，这是件很不幸的事。你伤心难过，无力无助，这都属正常，也是可以理解的。何不这样去想，上天这是在考验你呢，让你速速长大，独自去承担风雨。你若一味地沉浸在悲痛的情绪里，一味地封闭自己，不肯再走出来，那是在浪费和抛弃自己的生命啊。我想，这也是你爸爸不愿意看到的吧。

死亡，是我们每个人都无法回避的事情。早早晚晚，我们所有的人，都要面对这个现实，只不过，你提早了些而已。你可以选择不接受吗？不能。那么，坦然接受吧。失去的，已失去了，而你，还要好好活下去。

不知你有没有看过日本电影《天使》？它聚焦于一条街道上的一群人，那条街道上，住着超市职员加藤、单身父亲吉川和女中学生米禾等人。加藤一度陷在感情的泥沼里，艰难跋涉。吉川是个深爱小女儿的父亲，他在不喜欢孩子的女友卡斯米和女儿之间，做着艰难的抉择。米禾因一件小事被误会，在学校里受到孤立，变得孤独……生活的十字路口，站着不知所措的这样一群人。正在这时，神秘的天使降临了，她身穿雪白的衣衫，背后镶着一对雪白的羽翼，眼神清澈如雪，似乎能穿透人的心灵。她用她的光和暖，向这条街道上的人们传递着她的爱，使人们敞开了心扉，重新燃起对生活的信心、勇气和希望。最后，各自通过自身的努力，摆脱了生活的烦忧和困境，过上了相亲相爱的幸福生活。

楠楠，你称自己是单翼天使。天使是带给人信心、勇气和希望的，是不是？我们先给自己一些信心、勇气和希望好吗，做真正的天使，虽失去一翼，仍能飞翔。失去爸爸，那不是你的错，你无须自卑，更不要自认为自己是个不祥的人。倘使你一直自怨自艾，原本怜悯你理解你的人，也会变得不耐烦。因为，谁也不愿意老是面对着一张幽怨的脸，一个不快乐的人。久而久之，你才真的被孤立了呢。

班里一些人背地里嘲笑你，你又有何惧？贫穷和窘迫并非你造成的，你为何要羞愧要自卑？昂起你的头来，笑对他们，用乐观和坚强为盾，让他们在你面前自惭形秽。

楠楠，爸爸走了，最无助的不是你，而是你妈妈。你要代替爸爸，照顾好妈妈，成为妈妈的有力支撑才是，而不是成为她的担忧和负担。你也知道，你爸还欠着一些外债，你妈要替你爸偿还。她一个人奔波劳碌，她的处境，该有多难！这个时候，你更应该坚强起来，为妈妈分忧，成为妈妈活下去的勇气和希望。这也是天使要做的事哦。

你说家里无钱买书，想问同学借书读，怕被拒绝。你没试过怎么知道他们不肯呢？我去过你们学校，看到有个不错的图书馆，你也可以去图书馆借书读。还可以求助于你的老师，没有哪个老师，不喜欢读书的孩子。实在不行，我也可以给你寄书，只要你真的愿意读。

楠楠，我希望，你能迅速恢复到从前的状态，像爸爸在世时一样。他在天上，会看着你呢。你要笑起来，像天使一样地微笑。当你一身明媚,满身阳光,融入同学的生活中去,有谁还会嘲笑你呢?嗯,天使的微笑,会融化冰雪的。

  做个阳光的天使吧宝贝,不要再陷在自己悲伤的世界里,胡思乱想,而要学会主动去敲幸福的门,大声喊出来:喂,幸福,你在吗?天使来了。

  是的,你要宣布:我是天使,我来了。日子慢慢地,会变得明媚起来的。

梅子老师

青涩的果子

梅子老师您好，我想悄悄告诉您一件事，我谈恋爱了，已经两年多了。男朋友对我很好，和他在一起我很开心。

只是这件事我一直瞒着我妈。为此，我心里很不安，这样瞒下去也不是个事啊。我想跟我妈妈坦白，和她坐下来，好好说说这件事，让她接受。可又不知道怎么和她说。

我很矛盾，到底要不要说呢？我马上18岁了。

还有，我马上也要高考了，我想高考之前把这事定下来。

我该怎么办？

您的读者：小仙

小仙，你好。谢谢你对我如此信任，愿意把你的秘密与我分享。

来，拥抱一个。祝福你，即将迈入18岁的门槛！从此，你将告别你的少年，步入青年。你将走进更广阔的天地去，遇到无数的可能。当然，也会遇到无数的变数。那都是真实的人生。我希望你能过上你想过的生活。

初恋很甜美，但初恋也很青涩。你之所以要瞒着妈妈，是因为你也知道它是青涩的对不对？妈妈得知后，很有可能会持反对意见，甚至会反应强烈。因为，在她眼里，你还小，你的主要任务是学习。且高考越来越逼近，她自然希望你能以学业为重。也许，为了你的学习，她把所有的生活重心，全都放在你身上了。倘若你这个时候，冒冒失失向她介绍一个男孩子，并且告诉她，你们交往已两年多了。你让她作何感想？她怕是要受到惊吓的。

小仙，还是等等再说吧。眼下对你来说，重中之重的事情不是爱情，而是高考。这段日子，你的主要精力最好投入到学习中，维持安宁的心境和环境，直到你高考结束。暂时让秘密还是秘密吧，放在心里就好。你也需要给"爱情"一段时间，让青涩的果子，慢慢变得成熟，到时摘下它，味道才是鲜美的。

小仙，健康的恋爱，是催人向上向美的。我希望你和你喜欢的那个男孩子，都能借着爱情的力量，好好用功，争取考个好大学。这既是对你们读了这么多年书的回报，也是你们送给爱情的一份厚礼。当你们走进大学了，在更绚烂更广阔的世界里，眼中依然还只有对方，住不下别人。那么，好，连我这个陌生人也要祝福你们，祝愿你们长长久久。到那时，你若说给妈妈听，妈妈一定会为你感到欢喜的。

梅子老师

不要陷在虚拟的想象里

梅子老师：

您好。

我是小Z，今年高三了。为一件困扰已久的心事，想向您寻求帮助。您空闲的时候，可以帮帮我吗？

我暗恋上了我的数学老师，从高一到高三。这样的暗恋太痛苦了，是毫无希望的，望不到尽头的。

我曾试图放下，可总是不成功，我无法做到释怀。也许，我需要的是时间。可是，时间它走得好慢啊，我现在该怎么办呢？他还是我的老师，我每天都要面对他啊。每次见到他，那份暗恋之苦总要在我心里汹涌澎湃……

或许，我只是无法接受这份暗恋从一开始就是个误会，我无法接受爱情的破灭。曾经，我是个很想努力活成自己的女孩子，可自从遇到他之后，我就想活成他喜欢的样子。可他根本无意于接受我。

他曾跟我讲过他的故事。初三为追一个女孩子而奋起学习，最后却被拒绝了。他还说过他妈妈一直很感激那个女孩子，甚至连他成为教师也与那个女孩子有关……原来，我只是这份缺憾的接替者吗？只是一个替代？

我不想再为暗恋纠缠，我想保留一颗完整的心，去真真正正地热爱生活。我有时候会感觉，自己再为暗恋纠结下去就快要疯掉了。我都不知道活着有什么意义了。

这么晚来找您，是实在没有办法了，望您见谅。期待您的回复。

您的读者：小 Z

小 Z，你好。

你写来的这封信，我于 10 天前就看到了。当时小雪节气将至，天正交寒，我趁着大风到来之前，紧着去捉一波美叶。那是乌桕树的叶子，是银杏树的叶子，是梧桐树的叶子，是紫薇树的叶子，是石榴树的叶子……它们是秋冬之际的传奇。红也红得纯粹，黄也黄得纯粹，斑斓也斑斓得纯粹，无一个不是光彩夺目着的，灼灼辉煌着的。

我羡慕它们的热情和豁达，哪怕生命行至最后，也要壮壮丽丽地，体体面面地。我捡了一枚又一枚，带回来做书签也好，做些别的小物件也好。总之，我收藏了，就没有浪费大自然馈赠的一番好意。我一边捡一边想，那些陷于各种各样烦恼中的人，在他们的眼里，只有个人得失爱恨情仇，哪里还有这些漂亮的叶子呢？他们错失掉一季又一季的美好，人生的旅途上，留下太多太多的空白，真叫可惜呢。

寒潮来了，树上还有些顽强的叶子，守着最后的华丽。我于是，一趟又一趟地奔过去，路边，河边，少有人到的野外，哪里有了它们，哪里就美得如同桃花源。尽管现实世界里也有不少鸡零狗碎的事来扰我，我能应付的，就应付过去，不能应付的，就丢一边去。我以为，一颗心，是用来装美好的，而不是用来装愁苦装纷乱的。美是瞬间所得，过了这个"瞬间"，一些美就消失不见了。槭树也红了头了，杉树也红了头了，我捉住它们的美，这才是我当下生活的第一要义。

好孩子，你呢？从高一，到高三，你陷在自己的小情绪里，浪费掉多少好时光呢？醒醒吧，世上求不得的事太多，何必自苦？何况暗恋这件事，从头至尾，都是你虚构出来的一场爱情？

年少的爱恋，太容易被美化了，少有能落地生根的。他不过一普通老师，然在你的眼里，是被镀了金边的。你陷在你虚拟的想象里了。这样的迷失，有点冤枉呢，因为注定得不到回应，美好的光阴，全都白白流走了。你把注视他的目光，匀点给窗外的树不好么？匀点给天空中飘着的云不好么？匀点给一篇好看的文章、一首好听的音乐不好么？只有心灵丰盈起来，你才不惧"失去"。

好孩子，高三了，时间很紧张的呢，咱还有正经的事要做，那就是搞好学习，努力考个好大学。一个人的精力有限，当你把有限的精力投入到学业上来，为暗恋所产生的纠结，就会少许多的。也许你暂时做不到彻底放下，但没关系啊，那就把它当动力吧，让自己努力成为一个更优秀的人，一个闪闪发光的人，一个让你的老师都不得不暗自佩服的人，岂不更好？

好孩子，青春的天空很大很大，远不止校园这么点点大。

你所遇到的人将会很多很多,远不止校园里的这些个。你活着的意义,绝不仅仅是为了这样一场暗恋,而是为了将来一次又一次,更好的遇见。

祝你学习进步!

梅子老师

辑三

挑战：你只管向前走，
一路的花自会为你开

还是直接面对，与命运过招，是沟也好，是壑也罢，越过去，才能收获到属于你的云淡风轻。送你一句话吧："人的生命，似洪水在奔流，不遇着岛屿、暗礁，难以激起美丽的浪花。"

人生本就是喜忧参半的

梅子老师：

您好。

很晚很晚了，您一定睡了吧？

我之前在公众号给您留过好几次言的，昵称是"要做最好的甜心"，不知您有没有印象？

感谢您，每一次都认真回答我。我知道您很忙，每次留完言后我都急切地等着，我很好奇您会回答我什么。每一次，您都没有让我失望，回答得非常及时，既温柔又有耐心，轻易就解开了我心中的谜团。我不知道到底有多少人从您那里得到指点，使他们从迷雾中走出来，我只知道您成了我的引路人。您也是我最信任的人，我一有什么事儿，第一个想到的，就是您。我不愿意对父母、老师和同学讲的话，我都愿意讲给您听，一点儿也不觉得尴尬。您说过，愿意做孩子们的树洞。我把这句话当真了，您就是我的树洞。谢谢您。

这会儿，我没有在您公众号后面留言，而是很认真地用信箱给您写信。是因为我希望您能在第一时间读到我的心事，给我指点迷津。我现在太痛苦了，痛苦得想跳楼（就在刚才，我妈骂我了，我突然有了想从楼上跳下去的欲望）。

从小到大，我都是个好学生，是那种绝对的好，每次考试我都是班级第一，年级前几名。现在我上初二了，成绩依然保持在班级第一，年级前几名，从来没有例外。我不允许自己掉下来。

　　事情要从这次期中考试说起。所有学科都考完了，我的语数外等学科，毫无悬念地得了班级第一。但地理学科由于我一时的粗心，仅仅考了 87 分。这 87 分让我从"巅峰"摔下来，把我摔蒙了。我崩溃了。您也许奇怪，87 分不算少啊，其他学科不是都考得很好吗，下次考地理时注意一些就好了，还崩溃个啥呀。您别急，您且容我慢慢道来。

　　我们学校有个社团叫"巅峰"社团，这个社团的组成成员，都是每个班前五名的学生。能进这个社团，本身就是种荣誉，是让同学们特别羡慕的事情。这个社团平时活动都做些什么事呢？做的自然是跟学习有关的事，它由学校教学最突出的老师负责，每次成员们活动时，老师都会出些比较深比较难的题目，让大家练习和相互讨论，这对提高学习很有帮助。社团的成员并不固定，因为每次考试成绩都有浮动，有的人上次参加了，这次未必能被选上。而我，是唯一一个一直参加这个社团的女生。可这次，学校却重新制定了进入巅峰社团的标准，除语数外成绩要突出外，生物、地理、政治也必须达到 90 分以上。我地理得了 87 分，您说我能不崩溃吗？

　　偏偏我妈妈很不理解我，我着急难过，她却轻描淡写，说什么这次是个磨炼。我情绪低沉，她不但不劝我，还一通责怪，怪我粗心，说我自食其果。我很想她能理解我，可她说，这个世界，根本不需要理解。我已经很难过很难过了，我妈还骂我，我该怎么办？我真想一死了之。

您忠实的读者：甜心

甜心，你好。

我正打算关电脑去睡觉呢，电脑右下方突然跳出一个来邮显示，点开来，便看到你的信。

好长的一封啊，你一定写了很久吧？写它时，是憋着一肚子气和懊恼的吧？写完了，是不是轻松多了？那么，好，跟窗外的天空说句晚安，洗洗去睡吧。

此时，窗外的天空真是不错，城市的灯光，虽让星星显得模糊不清，可月亮的清辉，却是挡不住的。半个月亮，像块玉玦，挂在一朵云的飘带上。所有此刻在安睡着的灵魂，都被它的光芒洗濯得发亮，明早醒来，都将如同初生。你要是真跳了楼，可亏大了，你将见不到明天那个初生的你了。所以呀，别为一点儿鸡毛蒜皮的小事，就想着死啊死的。你以后还会遇到更多的风更大的浪，是不是要死上千百回？

看你的叙述，我很惊叹，孩子，你已经优秀得有些过分了。有个成语叫物极必反。一个人很要强，有进取之心，固然是好的，但如果超过一定限度，就未必是好事了。你已经这么优秀了，偶尔一次没进到什么巅峰社团，一点儿也不妨碍你的优秀啊，你却为此事崩溃，甚至要跳楼，犯得着么？参加不参加巅峰社团，是多大的事呢？进去了，无非是做做题而已，你完全可以自己买本难题大全，一条一条去攻克。它根本影响不了你的正常生活正常学习，你又伤心个啥？说来说去，你其实是为着那点"荣誉"，那点让同学们羡慕的"优越"，因为你是里面唯一一个一直参加的女生。

宝贝，这种活在他人眼中的"优越"要不得，当你习惯了别人的喝彩，当你习惯了被别人的目光追逐和艳羡，你已失去自我了，你会活得很不自由，很不快乐。因为，你今天可以站在舞台上光彩夺目，明天未必就能。没有谁会是舞台上永远的主角。我们只有做自己的主角，才能获得真实的人生。

你妈说的话没错，这次失败对你来说，就是一种磨炼。我们的人生本就是喜忧参半的，既有成功的喜悦，也有失败的苦涩。每个人降临到这世上，都是跌倒了无数次，才学会走路的。没有谁的人生会一帆风顺，都要淋过很多雨，吹过很多风，才最终趋向圆满。

宝贝，希望明天早晨醒来，你能对自己说一声：嗨，亲爱的甜心你好呀，你已经很棒了！

梅子老师

做自己的主人

梅子老师：

您好。

我是一名大三的学生。第一次认识您是在高中的时候，语文老师给我们读了您的作品，我觉得您的文字非常温暖，打动人，那时候就开始一点点关注您。我没有看过您的全部作品，只是断断续续地看过一些，可能只是读了短短的一小篇，就可以让我重新充满"电"。

最近我感觉在学习上有了困难，主要是学习动力不足。我马上就要专升本考试了，但是自己却感觉没有了前进的动力，觉得自己找不到梦想了。自从高考失利后，"梦想"这个词好像就渐渐远离了我。每天忙东忙西的，现在静下来学习的时候，却找不到方向了。

以前我一直想成为一名警察。现在学了语文教育这一专业后，感觉曾经的梦想不再是自己的了，每天只是随波逐流，生活没有那么充实了。我知道自己一定要先去升本，可心里却没有一个踏实的东西来定住自己，感觉生活和学习都有些"轻飘飘"，只浮于表面。

我真的太苦恼了。今晚突然想起了您，就想给您发条信息，想向您请教。如果您没有看到的话，没关系，就当是我在给自己说一些话吧。

小城

小城，你好。

我想先跟你说说我的故事。今年夏天，我辞了职。这在许多人看来，实在不可思议。那是多少人羡慕不已的职业啊，体体面面不说，工资还那么高。再混个几年，就可以拿上不菲的退休工资，生活安稳，多好啊！

我自然是做了权衡的。我不是生活在真空中的人，我也世俗，知道得有一定的物质保障，先解决了衣食住行，才能谈别的。且我也上有老下有小，他们都要靠我的经济来支撑。可我最终还是辞了职。我不想委屈自己，我要活成我想要的样子，余生很短，我一天也不想等了。

我做出这样的决定，是有前提的：我有足够的能力养活我自己，在我辞去这份工作后，也能生活得很好。——这是我的底气。

一个人的能力不是天生的，它是靠天长日久的勤奋，慢慢积攒出来的。这么多年，无论外面多么喧哗，我始终护着一颗初心，挤出时间，坚持读书，坚持写作，无一日间断过。长期的阅读和写作的积累，让我变得独立、厚实、稳重，我不需要听命于任何人，看任何人的脸色行事。我今天要去哪里，我今天要做什么，完全听凭我自己的意思。我可以一觉睡到自然醒。

我也可以半夜三更爬起来，跑到一座山头上坐等日出。日出没等到，等来了一场大雾，我也不遗憾。我有的是时间，明天可以再来等，总会等到的。我也常无所事事地沿着一条江走，赏花赏草，漫无目的，走到哪儿算哪儿。我没有什么急事要赶，亦没有什么人必须得见，我做着自己的主人，经济独立，灵魂自由，可以去自己想去的地方，做自己想做的事情。我遇见了一个更好的自己。

我想，你应该懂我的意思了。如果想要使你的人生少些惆怅，想要过上你想过的生活，你在今天，就必须意志坚定，付出足够多的努力。你今天浪费掉多少时间，你明天就少多少自主选择的权利。

你学的语文教育，这是非常好的专业。它是所有学科的基础，阔大、丰富、幽深，几乎包罗万象。你如果真能学好它，那你将来施展的空间将会非常地大。好好把握住机会，先把本科考过去，这是你眼下要为之奋斗的事。

梅子老师

与命运过招

梅子老师：

您好。

我是一名高二学生。初三的时候成绩下降，一直很消极，觉得自己成绩不好就一无是处，身边的朋友学习都很好，我便觉得自己低人一等，不配和他们在一起。更夸张的是，他们给我零食我都觉得不配拥有。

那个时候，我天天在他们面前装轻松，其实心里情绪差到极点。没人理解，只能任由自己暗自低落，表面笑，内心哭。最后，他们去了重点高中，只有我去了普通高中，心里的落差就更大了。

进入高中后，成绩不好，也没交到朋友。曾有一个合得来的，后来也转到重点高中去了。我天天很孤单，一个人吃饭，一个人回宿舍，没人能倾诉。寄宿学校好闷（高一下学期走读），也不知如何排解心中的烦闷。高一下学期轻度抑郁，中度焦虑，仿佛要疯了。是真的要疯了。我从来没想过这些事情会发生在我的身上，我也想学习好，但我真的状态坏到了极点。现在根本不想去学校，这学期我已经三周没去学校了，一去就心慌难受。

我也不知道怎么办。

我想到您了,就想对您说说吧。

您的读者:朵朵

朵朵,你好。

没有青春不迷茫。有时说不清理由的,就叫人心里堵得慌。何况,还有学业来逼?如果你想哭,咱就放声哭一场吧。哭完也许就轻松了。

曾经有个很自卑很自卑的女孩子,她总是一个人吃饭,一个人读书,一个人走路,一个人去宿舍。她不敢与人说话,她怕一开口,就暴露她内心的怯弱和自卑。她见花落泪,见雨忧伤,心里有着那么多那么多的说不清。

为什么自卑呢?因为她是乡下来的。她皮肤黝黑,穿着土得掉渣的衣衫,背着用格子棉布缝的书包,走在一群衣着鲜艳的城里同学中间,她如同丑小鸭误撞白天鹅的领地,羞愧难当。更让她无法抬起头的是,她家里还特别穷。她离家远,得住宿,每周自带粮食在食堂蒸饭,却从不敢去订上一份菜吃,那太费钱了。每到饭时,她都避开同学,一个人躲到一边,默默把干饭咽了。

那个时候,她心里有好多疑问:人为什么生而不平等?为什么她要独抱孤独,而她的同学却可以肆意大笑?命运不给她过多的选择,要么好好读书,为自己赢得走出去的机会;要么,回到乡下去,接过父辈手里的扁担、钉耙和锄头。她选择了前者，埋头苦读，虽不很聪明，但勤能补拙啊。她没有时间在意别人的目光，也不再渴求别人的理解，她有她的丰饶世界，里面装满书籍和文字。是的，她用读书，拯救了她自己。她一步一步，走成了今天的我。

朵朵，咱不要把希望寄托在别人身上，自己做自己的解语花和上帝吧。掐掉多余的念头，现在，咱只有一个念头，就是好好过好属于自己的每一天。每天，拥抱一下自己，多给自己一些信心和勇气。去吧，去学校，把落下的课程补上，凭咱的聪明，一定能补上。给自己制订一些可以落实的学习计划，不要贪多，一步一步来，能走到哪里算哪里，总好过你蹉跎青春。

好孩子，害怕与回避，只能让你在莫名的情绪里，越陷越深，时间却毫不留情地大把大把从你身边溜走了，这是很可惜的事情。还是直接面对，与命运过招，是沟也好，是壑也罢，越过去，才能收获到属于你的云淡风轻。送你一句话吧："人的生命，似洪水在奔流，不遇着岛屿、暗礁，难以激起美丽的浪花。"

未来的机遇真的很多，你只有往前走，才能靠近。未来的美好也很多，你只有走下去，才能遇见。

梅子老师

不跌不长，一跌三长

梅子老师：

您好。

很抱歉，这个时候还来打扰您。

我知道夜已经很深了，可我睡不着。我存着很多心思，真的不知道该跟谁倾诉了。

我是一名初三学生。这一次的月考，我的数学又考得特别差。是那种前所未有的差（听到分数的那一刹那，我都绝望了）。虽然我知道这跟我的心态有关，并且我的各科老师都鼓励我，说相信我下一次一定会考好的。但是我打心底里却始终不相信我自己。我好像没有办法再自信起来了。每一次别人一提到这次数学考试，我就特别难过。我没有办法迈过这个坎儿。整整一个星期我就好像被这个心魔给缠住了一样，根本摆脱不了。而且我总觉得有人会因为这件事情而瞧不起我，质疑我，轻视我。

我从小就是一个特别不自信的人，特别在意别人对我的看法，很多时候都是别人来相信我，然后我才愿意相信自己。虽然我意识到了这些问题，但是我不知道自己该怎么办。

我很想考到更好的高中去，但大部分人，甚至包括我的父母都认为我是在"做梦"，认为我是不可能考上的。这让我变得更不自信了。

我感觉自己都快得抑郁症了。

槿梦

槿梦,你好。

看了你发邮件的时间,凌晨二点半左右。夜真的很深很深了。这个时候你还没睡觉,第二天怎么能保证有足够的精力去学校,怎么把一天的课听下来呢?你这一天的学习效率可想而知。且不好好睡觉的人,是很影响身体健康的,会显得萎靡不振。你这么一个在乎别人评价的人,以那种落拓形象示人,你就一点儿也不害怕别人笑话了?

人生顶大的事是生老病死,其余,皆是云烟。你不过是数学没考好,就失魂落魄成这样,那些经受颠沛流离之苦的人,那些饱受疾病摧残的人,那些遭受横祸的人,是不是早该绝望千次万次,而后一死了之?很推荐你去看看电影《长津湖》呢。面对那些趴在雪地里冻成冰雕的先烈,我们还好意思说抑郁吗?

孩子,你的生命中不只有数学,你还拥有很多东西。你拥有和平和安宁,你拥有健康和静好,你拥有自由的天地,你拥有斑斓的色彩和多种气味,你拥有爱你的人和你爱的人,你拥有音乐、文学、美术……一次数学考试的失利,就把你打败成这样,那你干脆不要走路好了。因为走着走着,说不定又会遇到什么坎什么坷的。谁的路上没有些沟沟壑壑?正是在挑战这些沟沟壑壑中，我们的人生，才有了别样的意义。

小时在老家，我常听村里大人们说："不跌不长，一跌三长。"那是逢到我们摔倒了，磕破了皮，跌折了腿，又痛又害怕地哇哇大哭时，大人们聚在一旁，笑嘻嘻来上这么一句。他们并不慌张，在他们行走大半辈子的人生经验里，哪个小孩不是摔过很多次跤才得以长大的呢？

槿梦，不自信的人生，源于内心的怯懦。不是别人不相信你，是你自己不相信自己，你被你自己吓住了打败了。如果你还想继续往前走，那就要痛下决心，赶跑内心那个怯懦的自己，接受失败，重新启程。记住，所有的失败，都是对你的磨炼而已，是促使你更好地成长。

谁也不能替你的人生做主，谁也不能替代你去走路。所以，你没必要过于在意别人的看法。上一页已经写好，无论好坏，都已封笔。那就重新打开新的一页，继续书写，力争一笔一画都稳稳落下。你的人生书，只有你自己好好书写，才是对生命最好的交代。

梅子老师

读书的途径

梅子老师：

您好。

我是您的读者，读了您的书五年了。我也曾有幸听过您的讲座。您说，天下第一等好事是读书。您还说，阅读会让每个人找到自己灵魂的花园。

可我现在却有苦恼。我爱读书，我也想找到自己灵魂的花园，可因为我初三了，我读书的权利就被剥夺了。我的课外书，包括您的书，昨天统统都被班主任没收了。他只允许我们读课本，读试题。

没有了阅读，仿佛一切变为灰白，我感到万物失了光彩。

作为初三的学生，真的无法做到读书与学业同时享有吗？梅子老师，请问我应该怎么让两者兼得？

小夏

小夏，你好。

一个热爱读书的人，是很可爱很丰富的人。好孩子，你是。为你高兴。

读书与学业是相互贯通的，不应该水火不容。因为我们拥有的知识，绝大多数都是通过阅读获得的。阅读的书籍越多，我们的视野会越开阔，思维能力会越强。阅读课外书会帮助我们更好地理解学科内的内容，提高我们的解题能力。尤其是语文这门学科，离开了阅读，就等于花朵离开了枝头。只有通过广泛的阅读，才能为学好语文打下坚实的基础，也才能使语文学习得到提升。你们班主任的做法很不妥。

但班主任的心意是好的，我估摸着他是怕你们沉溺于课外阅读中不能自拔，怕你们因此忽略了书本学习。毕竟你们初三了，这是初中阶段最为关键的一年，若是你们在课外阅读上花费时间多了，学科内的任务势必就没办法完成。你可找班主任好好说明情况，接受他的好意，表达你想阅读的愿望，保证在不耽搁书本学习的前提下，进行适量阅读。我想，他会同意的。

如果他不同意也没关系，咱可以想办法来解决，读书的途径有无数条，比如，把你喜欢的文章打印出来，夹在书本里。不贪多，一天读一篇文章读上几首诗，够了。做习题累了的话，背两首唐诗解解乏，这也是读书呀；课间休息的时候，看一段优美散文，这也是读书呀；晚上上床睡觉前，读一首宋词，看一则历史故事，这也是读书呀……

还有假期呢。假期在家，你大可以捧本自己喜欢的书，饱读一通，留着上学时慢慢回味。

除非有人蒙上你的眼睛，除非有人禁锢了你的大脑，否则，谁也阻止不了一颗爱读书的心破土而出，在自己灵魂的花园里，开出鲜艳明媚的花来。

梅子老师

读书的好处

梅子老师：

你好。

我是一名初中生。我现在活得很痛苦，每天要做很多作业，每天要读很多书，每天都累得跟狗一样，在为学习苦恼着。

为什么要做那么多作业呢？为什么要读那么多书呢？我不想读书，不想学习，一点儿也不想。

可我的父母和老师不同意，他们说，不读书的人是没有出息的，将来找工作都难。我妈还说，我如果不好好读书，将来连老婆都讨不到。

他们的话，真是可笑。我爸读了一辈子书，不过是做了个小学老师。我妈也读过大学，还不是在人家的厂子里打工？我表哥初中毕业就去外面混世界了，赚了不少钱，过年时回家，是开着奔驰的呢。

老师你说，人为什么要读书呢？我想初中一毕业就出去打工，像我表哥一样。估计到时我爸我妈是不会允许的。

我也不知道怎么办了。

梦想家

宝贝，你好。

人类因为有了文字，才真正有了文明。而文字的出现，孕育出一代又一代的读书人，把人类从混沌、愚昧和原始里解放出来，一步一步构建出良好的社会秩序、行为规范，建立起美好家园。是知识拯救了人类。是知识推动了社会发展。是知识改变了我们生存的环境。你眼下享用的科技信息和一切社会便利，无一不是知识所带来的。

也许宝贝会说，啊，我只是个普通人，那推动人类发展的事我做不来。是，我们绝大多数人都是普通人，但普通人与普通人是有区别的，同样寻常的生活，有的人过得活泼生动，诗意无限。有的人却过得庸俗无味，死水一潭。之所以形成这样的差距，很大程度上，取决于读书的多少。

跟你讲个小故事吧。冬天，我去云南旅游时，遇到两个结伴同行的老妇人。她们是姐妹俩，姐姐年长妹妹四岁，嫁的男人是从事教育的，整天跟书打交道，耳濡目染之下，姐姐特别爱看书，随身包包里，都放着书。人看上去，非常精神爽利，虽是70来岁的人了，还很饱满健康。妹妹呢，嫁的男人是搞建筑的，有钱，日日养尊处优着，她却虚弱得很，病歪歪的，无精打采着。姐姐看书时，妹妹在一边很无聊地哼哼着，说腿疼，说腰也疼。送她去医院看，什么毛病也没有。姐姐偷偷告诉我，在家里，妹妹就这个样子，老疑心自己生了病。她这都是闲得没事做给闹的，所以我才陪她出来散散心的。

她们后来一起去一个傣族古村落游玩。妹妹才走了一小半路，就不想玩了，说，不好玩，看来看去，就是这些破房子，也没有高档点的饭店。姐姐却看得兴致盎然，她讲解傣楼的建筑风格给妹妹听，讲傣族人的生活习俗，讲傣族贝叶经的由来，讲傣族手工陶器的制作……再引导妹妹去看，妹妹被她的讲解勾起了兴致，最后竟把整个村子都走下来，觉得不虚此行。

宝贝你看，读书的好处是显而易见的，它会让你懂得多，让你精神丰富，让你视野开阔见识广博，让你和陌生世界能迅速打通，享受到只属于你的那份愉悦、绚烂和满足。

是的，也许你读了很多书，最终只能从事一份普通的工作。但你的精神，因有书的滋养，却能富贵一辈子，再平凡庸常的日子，你也能把它过得热气腾腾活色生香。

好好读书吧孩子，你每多读一本书，多学一点知识，你的未来，便将多出一分好颜色。

祝你有一个美好灿烂的未来！

梅子老师

何谓好文章

亲爱的梅子老师：

您好。

我是小曼。

抱歉打扰了正在悠哉度假中的梅子老师。作为已经读了七年您的书的小读者，想问问您几个上初三以来的疑惑。

首先，我真的非常想问，什么样的文章才是好文章呢？或许您会疑惑，您在新书《碗中日月》里的话白讲了吗？当然没有。这本书我非常认真地读过每个字句，甚至常常读着读着会极为感动。因为我想啊，原来还有像梅子老师这样的人，肯定那些写真事、说真话、诉真情的学生。但是为什么我要再问一次，因为开学后老师的各种应试要求，把我自己对于怎么写文章的追求全部打破了。比如，老师要求，文章里不能只写一件事，一定要是"一加三加一"（开头加三件事加结尾）。可是一篇中考作文，只有短短八百字，写三件事，无疑要掐头去尾，并且用词非常夸张才能表达感情。但是对我而言，真的做不到。我没有办法只写高潮，有些细节，有些感情，我认为必须要写出来。所以老师，您认为真的只能为了考试放弃自我，先把自己的想法搁置一下吗？

其次就是关于叙事，我非常缺少对人物的白描，更多的是心理描写，对自己感情的表达。所以我想知道如何增强画面感？

寒假作业很多，学校有非常紧密的安排。但妈妈和我都觉得，一定要把阅读坚持下去。不能失去生活里的情怀。其实阅读本身也是一种学习啊。您说对吗？

您的读者：小曼

小曼宝贝，你好。

好惊讶上初三的你，已经读了我七年的书了。也就是说，你在念小学三年级的时候，就开始读我的书了。这样的缘分，委实不浅。感谢宝贝这么多年的阅读。

你问我，什么样的文章才是好文章。在回答这个问题前，你能不能先回答我一个问题呢？什么样的文章吸引你，为什么？你的答案，其实已部分回答了什么样的文章才是好文章了。

我们喜欢一篇文章，不外乎这样几个方面：

一、情节动人。

这里的"情节"，可能讲的是一个或几个故事，也可能只是一个或几个场景、一个或几个画面。因为作者的生动描述，让读者不知不觉进入其中，产生共鸣，读之难忘。

二、语言动人。

读者对丰富的语言是没有免疫力的。丰富的语言就跟音符似的，不同的语言组合，就像不同的音符组合，可以带来不同的旋律，或轻盈，或美妙，或昂扬，或诙谐，或活泼……总之，是多种多样的。有时，一字值千金。比如贾岛写的"僧敲月下门"中的"敲"字，比如宋祁写的"红杏枝头春意闹"中的"闹"字，让人读了击掌大叹，妙啊！你的用词用句如果出人意料地恰当，那无疑会让一篇文章光彩照人起来。

三、情感真挚。

无论是写景，还是写人，虚假的东西都打动不了人。这并不是说你写景，一定要是你看到的那个景；你写人，一定要是你看到的那个人。而是你要会综合，会筛选，你平时看到的景，可以拼接到一起；你平时遇见的人，也可以拼接到一起。它们都是真的，但又是你创造的。我们讲，创作源于生活而又高于生活，就是这个意思。因为源于生活了，所以它有真感情。读者评定一篇文章的好坏，取决于能不能让他碰撞到你的真感情。能促使他大笑起来，能促使他心情平静，能促使他反思生活，能促使他趋向美好，能促使他学会热爱……这样的文章，应该算是好文章了。

你们老师讲的写作方法，你可以借鉴，未必要照搬照用。你完全可以按你的风格来，只要写出有真感情的文章，只要写出有丰富语言的文章，只要情节清晰动人，还愁阅卷老师不把你的文章评为好文章吗？

关于如何写出画面感，我想，在于细节的刻画吧。细节刻画到位了，画面感自然就出来了。举个例子吧，元代的白朴曾写过一首《天净沙·秋》：

孤村落日残霞，轻烟老树寒鸦，一点飞鸿影下。青山绿水，白草红叶黄花。

你看，作者根本没有费什么力气，却在读者面前，徐徐铺开一幅夕照晚景图，所有的情感，都隐藏在里面，孤独、残败、忧伤、寥廓、宁静、美好……竟是五味杂陈的。

少点自我抒情，多点对实景的描写，让读者自去体会其中的情感，你的文章，自然就是好文章了。

永远不要问"读书是不是学习"这样的问题。读书永远是学习的最佳途径，知识的积累，就在于多读。要把阅读的好习惯，坚持一辈子。

祝你假期愉快！

梅子老师

开自己的花

梅子老师:

您好。

今天我收到了期末考试成绩,很不理想。

我不晓得为什么我已经很努力了,但是还不如那些上课吊儿郎当的同学,我感到很无力很愤懑,甚至觉得努力没有意义了。

我本来是学物理的,但我想学文了,又因为就业之类的问题很纠结,整个人都很低沉,我该怎么突围继续向前走呢?

在上高中之前,我一直都没忧虑过排名问题,再怎么着成绩都看得过去。我现在依旧努力学习努力听课,却一次又一次退步,强烈的落差感,亲人的失落叹气,快压得我喘不过气了。

我该怎么办?

您的读者:三三

三三,你好。

这次没考好,就当摔了一次跤吧,爬起来,揉揉碰疼的地方,咱继续往前走。

不要愤懑。不要问那么多为什么。怪地不平,或怪其他人跑得太稳,没跟你一样摔倒了,那都是没有意义的。各人有各人的生存技巧，在他们貌似"吊儿郎当"的背后，也许有不为你所知的艰难求索。

也不必老拿过去的自己，来气现在的自己。人生是个漫长的旅途，在这个旅途中，总会发生一些变数，只要没有落下该走的每一步就好。

你当下要做的，是要找出问题的症结在哪儿。是不是你所选科目不投你的缘？人的兴趣是有差异性的，读什么书，选什么科目，也讲究缘分呢。比如我做学生的时候，是最不喜物理的，怎么认真听讲也弄不懂老师讲的那一些。我就老老实实"放弃"了那门学科，选了别的科目。我有我擅长的学科呀，我致力于那些就行了。在自己擅长的领域，才能施展出大的空间。不要一厢情愿满怀激情地说，不，我偏不，我非要什么什么不可！宝贝，人生不是一条大道走到底的。有时呢，为了顺利到达目的地，我们得学会拐弯。如果你是朵小雏菊，就好好做朵小雏菊，不去想牡丹的事。小雏菊也能开出很漂亮的花的。

你还要想想你努力的方法是否得当。人必须努力，这是人的天性，就像植物都有趋光性一样。然不是所有的努力，都能立竿见影，或是都能带来预想中的效果。举个简单例子吧，比如原地踏步走。你不停地走啊走啊，看着也是付出十分的汗水，可结果，还是待在原地。你在学习中，有没有出现原地踏步走的现象？如果把死记硬背换成巧思巧记，如果把死做题，变成举一反三灵活做题，结果会怎样呢？找到学习的捷径，效率会大大提高的。努力也是要讲究技巧的。

宝贝,尽自己的心,开自己的花,别去管别的。

祝你愉快。

梅子老师

做一棵冬天的树

梅子老师：

  您好。

  好久不见了。

  哦，不，不对，谈不上好久不见，因为您根本没见过我。

  可我，确确实实见过您，在三年前。

  那年，我上初三，您来我们学校演讲。我们年级没轮到去会场听讲，下课了，我跟同学一起跑过去，远远看过您一眼。您怎么会留意到一个我呢？

  我曾读过您一些书，很喜欢。有一本《我们都不是完美的人》，是我初三那年买的。当时中考在即，书看得断断续续，并没怎么上心。

  后来，我上高中了。是一所普高。我的成绩一直很普通，就这么一晃，晃到高三了。生活很枯燥，我很焦虑，无意中翻开您的《我们都不是完美的人》，细细品味，感觉迷茫的自己又有了目标。却不知道怎么做，才能靠近目标。

  我内心有愧疚，当初没考上重点高中，父母挺失望的。我那时放出狠话，对父母信誓旦旦说，我一定在高中好好学习，混出个人样来。可现在，哎，不提了。有时不大想得通，初中时成绩挺好的，边玩边学也能到班级前五名，怎么到了高中，一节课不留神就掉队了?

我不知道您能不能听见我说的话。我需要一个倾诉的人。

梅子老师,我想知道自己到底怎么样才能把成绩提高,把身边的事情处理好?

您的读者:Rain

Rain,好久不见。

谢谢当年你跑去看我。若当时我知道,一定会给你一个大大的拥抱。现在我想拥抱一下你,可以吗?谢谢你如此信任我,选择了我做你的听众。

初中和高中的课程在难度上,是有差别的,在初中能轻松搞定的课目,到了高中若不亦步亦趋紧跟着老师的教学,是很容易掉队的。不仅仅你会如此,别的同学也一样。这就好比登山,越往高处走,越难走,要一步一踏实才行。

昨日的种种,你最好不要再去多想。就像冬天的树,若陷在春天的追忆中,它该多失落多懊恼?那时,它是满树繁花,盛极一时,而到了冬天,不单花无一朵,连曾经繁密的叶子,也掉落得差不多了。可在冬天,却没有一棵树会停留在春天的荣光里,它们接受着冬天的检阅,只做冬天该做的事,认认真真收藏每一缕阳光、每一粒雨雪,为春天新芽和花朵的萌发,默默积蓄力量。

Rain,把那些纷乱的思绪都抛了吧,无论是昔日的种种,还是未来的种种，想得再多，也改变不了现在，除了徒增烦恼外，毫无益处。向一棵冬天的树学习吧，让自己的心思单纯起来，只专注于眼前的事物，花时间把你的各门学科好好捋一捋，哪些是你的强项，哪些是你的弱项，要做到心中有数。保持强项，以强带弱，这是其一。其二，针对弱项，制定切实可行的补救措施。不求它变强，只要能往前迈一步，哪怕是一小步，也是可喜可贺的。

是的，行动起来，除此之外，没有更好的法子能把你的成绩提高。当你焦虑的时候，不妨深吸一口气，强迫自己去解一道数学题，去诵读一段古文，去默写几个英文单词……有时即便你什么书也不愿意碰，在校园里走走，去认认那些植物也是好的。哪怕就是抬头看看天，细读天上的流云，也是有收获的。我们做不到一步登天，那就一小寸一小寸地往前移，每天进步一点点，到最后，也是大进步了。你只管耕耘，莫问收获。最后收获多少，还是留给老天爷决定吧。我以为，一个勤于耕耘的人，运气都不会太差。到时候，即使偶有意外，没有达到预期的目标，那你也能坦然接受那个结果。因为，你已为之付出应有的努力，你无愧于你的人生。

梅子老师

练就一身"匠功"

梅子老师：

您好啊。

我是您的一位读者，我非常喜欢您的文章，每次阅读总会心生欢喜，觉得世间万物很美好。

我同时也是一位学生啦。我下个星期就要月考了，我有一点小小烦恼想向您诉说，希望您能帮帮我。就是呀，我很害怕考试时写作文，每次作文分数都很低，大大拉低了我的平均分。这太令我绝望啦，我也想写好啊，可是每次写起来，都会出现这样的问题：作文题材不够新颖，修辞手法很老套。我真的不知道怎么办才好。希望您能给予我一些好的建议。万分感谢您！

您的读者：小宇宙

宝贝，你好啊！谢谢你对我文章的喜欢。

在给你回信之前，我刚刚完成了一个小手工，把一个废弃的硬纸盒子，裁裁剪剪，粘粘贴贴，再在外面绕上一道道细麻绳，一只素简的花瓶就诞生了。我插了几枝从河边采回的芒花进去，花瓶立即变得风姿绰约，堪比一幅画。

我很喜欢做这些小手工。看着寻常的事物在我手底下，慢慢变成另外的样子，焕发出它们内部深藏的美，我就特有成就感。世上不缺少美，缺少的是，创造美的匠心和巧手罢了。我想起小时特崇拜的一个人，她是我们村子里的刘裁缝，她不用干农活，整天待在屋子里踩着缝纫机，面皮捂得白白的。我那时对她真是无比仰视啊，觉得她好了不起，村人送去的再普通不过的土布，她也能裁剪出漂亮的衣裳来。一些零碎布头，经她的手一整理，就成了好看的衫子和包包。她简直就是一个令人着迷的魔术师。我曾背过她给我拼接过的一个花布书包，走在上学的路上，神气得不得了，以为自己背着一座小花园。

我为什么要跟你说这些呢？是因为，写作不过是另类手工。就好比裁缝做衣裳，好比瓦匠砌房子，好比雕塑家玩雕塑。起初堆在他们跟前的，也只是些寻常的材料，经他们的巧手一拨弄，寻常材料就变成漂亮的衣裳，变成典雅的房子，变成令人震撼的艺术品。

你受到启发了吗？是的，你所接触的生活很寻常，所遇到的作文题材没什么新鲜的，所运用的修辞手法很老套。可是，你完全可以重新给它们梳妆打扮一番，让它们焕然一新啊，就像我用废纸盒子变出花瓶一样。当然，这需要一定的"匠功"。

这里我提到"匠功"，是我独创的一个词。你可以把它拆开来理解，就是"匠人的功夫"。

首先，你要争取做一个匠人，对你所做的事情投入足够多的热情。对待写作这件事，没有持久的专注的热情，是写不好的。

其次，你要做一个好匠人，必须苦练一些基本功。写作的基本功是什么？是从字、词、句的训练开始。你要认识和积累多多的字和词，你要多练习造句。到你想使用某句话来表情达意时，你可以信手拈来。没有一个匠人的功夫是天生的，所有技艺高超的匠人，都是经过长期艰苦的摸索和训练，才慢慢变得心灵、手巧，游刃有余。故，要想你的作文能写好，临时救急是没有用的，功夫必须花在平时。

我建议你：

一、要多阅读，增加你的词汇量的储备；多放牧你的想象，增加你的语言的丰满。

二、要多写，每天写上几行字，试着用不同的语言，描写同一个事物。

举个简单例子：下午放学，走到校门口，你遇到一阵风，摇动了旁边花坛里的一朵花。你怎么描写这个小事件？

你也许会这样写：

　　下午，在校门口，一阵风吹过去了，花坛里的一朵花摇了摇。

这是很平常的一种写法，就是如实描写眼中所见。没什么特别，大家都有可能会这么写。

如果我们换换语言呢，比如这样写：

下午，在校门口，一阵风掠过花坛，偷偷轻吻了一朵花。花立即激动得震颤不已。

你看，一件寻常的小事，通过语言的加工，呈现出不一样的面貌。宝贝，从练习语言开始吧，天天练，日久天长，你就能做到熟能生巧，拥有一身写作的"匠功"了。

梅子老师

警惕无效的忙碌

梅子老师：

您好。

我是一名初三的学生，我感觉我活得好累啊。

每天早上一睁开眼睛，我就开始学习，九门功课，一门都不能丢。每天的时间，都被作业支配着，自己买的那些复习资料根本没时间做。每天晚上，都要写作业到十一二点才能睡觉。

可我明明付出这么多的努力了，成绩却提不上去。班里好多同学学习不是很努力，但每次考试，成绩都比我的高。上次周考，我实在太累了，最后也没有考完，而我的同学却轻松做完。看着他们谈笑风生，我真的很难过。为什么我的学习这么难？为什么我付出努力了，却得不到我想要的结果？

父母劝我压力不要太大，可我做不到。我也不知道为什么要给自己这么大的压力。我也不知道为什么自己的成绩无法得到提升。我快崩溃了。

梅子老师，您能告诉我这是为什么吗？

您的读者：萧山

萧山，你好。

刚刚我在一些银杏叶上画画来着。

一下午,我啥正事也没干,出去捡银杏叶了。我捡了很多回来,一一洗净,抚平,晾干,然后用彩笔在上面画画。我画牡丹,画莲蓬,画菊花,画兰花,画村庄和河流,画蝴蝶和花丛。做这些有意义吗?在许多人看来,没有。那是小孩子们玩的小把戏嘛,纯属浪费时间。可我喜欢。我拿它们当书签,把它们小心夹到我的书里面。做完这些,我精神愉悦,身体里仿佛注入新的力量,再去读书写字,精神高度集中,往往妙思无穷。

好孩子,你现在陷入一个恶性循环中了,越用功,越累。越累,就越学不好。你要警惕,不是所有的忙碌,都有所收获的。譬如,无效的忙碌。你整天把自己压得死死的,没有一丝空隙,只机械地死读书死做题,那等同于无效的忙碌。

我想到一个很有意思的故事,想说给你听。从前,有一个教书先生,手下有弟子若干。一天,他想考考他的弟子们,看谁悟性高,他便把绝学传给谁。他给了弟子们一间空屋子,要求他们想办法用东西把它装满。弟子们不明白先生的用意,但还是很听话地忙活开了,有的去买柴,有的去买米,有的去买豆子,有的去挖泥。只有一个弟子例外,他端坐着没动,不慌不忙地看着他的书。教书先生奇怪地问他,你怎么没去忙?这个弟子笑了笑,回先生道,我在等天黑。天黑了,我点上一支蜡烛,烛火的光,足以把屋子填满了。教书先生的绝学,最终传给了这个弟子。

萧山，你从这个故事里得到些许启发了吗？在学习上，你也要学会用点巧劲呢，要讲究学习的技巧和方法。当方法得当了，再加上你的自律和努力，你一定会扶摇直上的。

　　不过，自律虽是好事儿，但过分自律，就走向极端了。我们无论做什么事，都不能打时间战，要让自己有喘气的机会。每天送自己半小时吧，在这半个小时里，你可以发发呆，可以唱唱歌，可以翻翻漫画。也可以学学我，捡些银杏叶回家，在上面瞎画画。放心，这半个小时的放松，对你的学习造不成损失，反而会有助于你提高学习效率。一个人在疲惫的状态下，思维容易混乱，甚至会停滞，做事的效率又怎会提高呢？再说，长期处在疲惫中，身体也吃不消啊。如果身体垮了，什么美好的愿望，都将成为泡影。

　　好孩子，让自己松口气吧。丢开无效的忙碌，去吃点好吃的，先让胃甜蜜起来。其他的事情，待会儿再说吧。

梅子老师